中国印象

丛书主编　张玉金

汉字与饮食

罗维明　编著

暨南大學出版社
JINAN UNIVERSITY PRESS

中国·广州

图书在版编目（CIP）数据

汉字与饮食/罗维明编著. —广州：暨南大学出版社，2014.6（2018.10 重印）
（汉字中国）
ISBN 978 - 7 - 5668 - 0956 - 8

Ⅰ.①汉…　Ⅱ.①罗…　Ⅲ.①汉字—研究②饮食—文化—研究—中国
Ⅳ.①H12②TS971

中国版本图书馆 CIP 数据核字（2014）第 054675 号

………………………………………………………………………………

汉字与饮食
编 著 者　罗维明

出 版 人　徐义雄
策划编辑　杜小陆
责任编辑　刘　晶　徐雨娴　李大强
责任校对　曾　栩
出版发行　暨南大学出版社（广州暨南大学　邮编：510630）
网　　址　http：//www. jnupress. com　http：//press. jnu. edu. cn
电　　话　总编室（8620）85221601
　　　　　营销部（8620）85225284　85228291　85228292（邮购）
排　　版　广州良弓广告有限公司
印　　刷　佛山市浩文彩色印刷有限公司
开　　本　850mm × 1168mm　1/32
印　　张　7. 125
字　　数　146 千
版　　次　2014 年 6 月第 1 版
印　　次　2018 年 10 月第 2 次
定　　价　29. 80 元

总　序

当人类从野蛮跨入文明，一些民族发明并使用了文字。如巴比伦人的楔形文字、埃及人的象形文字、玛雅的图形文字等。我们的先人，同样也发明并使用了象形文字。

然而到了今天，其他几种古老的文字体系都消亡了，只有我们的汉字至今还存活着，并呈现出勃勃的生机。在可以预见的将来，它都不太可能被废弃。这是为什么？

传说汉字是四目的仓颉所造的。他创造文字之后，“天雨粟，鬼夜哭”，真是惊天地、泣鬼神的壮举。即使在今天，还有人把汉字的创造看成是中国人的第五大发明。的确，汉字对中华民族的贡献，怎样评价都不过分。

汉字具有超时代性，使我们后人很容易继承先人所创造的伟大文明。中华民族生生不息，中华文明薪火相传，绵延不绝。汉字居功至伟。

汉字具有超地域性，使得居于不同地域、操不同方言的人们能顺利交流，维系着我们国家的统一和民族的团结。汉字功不可没……

汉字身上，蕴藏着无穷无尽的奥秘，等待着我们去探究。

然而以往对汉字的研究，多是就汉字研究汉字，如研究汉字的本义和形体结构，探究汉字的起源、发展、结构等。有时就汉语研究汉字，探讨汉字与汉语的关系。

近些年来，一些学者开始研究汉字自身所具有的文化意义、探讨汉字与中国文化的关系。

但是，到目前为止还没有人从中国文化生态系统的角度来研究汉字。本丛书就是从中国文化生态系统的角度来研究汉字的。

所谓中国文化生态系统是指由影响中国文化产生和发展的自然环境、科学技术、经济体制、社会组织及价值观念等变量构成的完整体系。人类的活动是社会的主体，人类的文化创造可以划分为科学技术、经济体制、社会组织及价值观念等四个层次，这些因素构成文化生态系统的结构模式。与自然环境最近、最直接的是科学技术一类智能文化；其次是经济体制、社会组织一类规范文化；最远是价值观念。对人类的社会化影响最近、最直接的是价值观念；其次是社会组织、经济体制；最远的是自然环境，它对人类社会化的影响是通过经济体制、社会组织及价值观念等中间变项来实现的。

汉字是一种文化现象，所以可以从中国文化生态系统角度来研究汉字。把汉字与中国文化生态系统联系起来，考察汉字所赖以产生的整个文化生态系统及其对汉字的影响，考察汉字中蕴涵的中国社会结构、经济土壤、文化系统和自然环境等各方面的信息。

本丛书的创新点，不是仅就汉字论汉字、仅就汉语论汉字，也不是仅就中国文化来论汉字，而是联系它所赖以产生的整个文化生态系统，从而达到对汉字的更为深入全面的剖析。

本丛书从汉字与人、汉字与社会、汉字与经济、汉字与文化、汉字与自然等五个大的角度来研究汉字，共提出36个研究子课题，每个子课题都写成一本小书。这些子课题如下：

一、人：汉字与人体。

二、社会：汉字与婚姻家庭、汉字与宗法、汉字与职官、汉字与战争。

三、经济：汉字与农业、汉字与渔猎、汉字与手工业、汉字与贸易。

四、文化：

（一）物质文化：汉字与饮食、汉字与服饰、汉字与建筑、汉字与交通、汉字与玉石、汉字与文房四宝。

（二）制度文化：汉字与刑法、汉字与度量衡。

（三）精神文化：汉字与乐舞、汉字与书法艺术、汉字与神话、汉字与对联、汉字与数目、汉字与医疗、汉字与色彩。

（四）心理文化：汉字与民俗、汉字与姓名、汉字与避讳、汉字与测字、汉字与字谜、汉字与宗教、汉字与道德、汉字与审美。

五、自然：汉字与植物、汉字与动物、汉字与地理、汉字与天文。

本丛书的读者对象是具有高中及以上学历的学生和一般国人，也包括学习汉语汉字的海外华人、外国学生和一般外国人。

全面揭示汉字所蕴涵的中国文化生态系统信息，可以让普通民众和大中学生对我们天天使用的汉字有更为深入的了解，有利于提高基础教育和高等教育的水平，有利于提高中华民族的科学文化水平；还可以让学习汉语的外国学生和一般外国人对汉字及其背后的文化生态系统、特别是两者的关联有更多的了解，这有利于汉字汉语汉文化走向世界。

张玉金

2014. 5

前　言

《孟子·告子上》篇中告子说："食色，性也。"《礼记·礼运》也说："饮食男女，人之大欲存焉。"二者都是说饮食和男女之事乃人的本能。男女之事姑且不提，这里只说饮食之事。

谁都知道，人一天不吃，就会饥肠辘辘；几天不吃，就会一命呜呼。无怪乎《史记·郦生陆贾列传》一针见血地指出："民以食为天。""天"在这里有"头等大事"的含义，朴素的话语道出了深刻的道理。自古以来，平民百姓没多少文化，就认这硬道理。因此，在中国社会，人们见面打招呼就问："吃了吗?"寥寥几字，关怀之情溢于言表。

在物质不够发达的时代，人们不喜欢虚无缥缈的东西，而吃每天不可缺少，填饱肚子才是最实际的事情。这是百姓的切身感受，也是圣哲的肺腑之言。墨子反对音乐，就是觉得在一个饭都吃不饱的社会，去欣赏音乐，未免太奢侈了。老子也有同感，其所著《道德经》第十二章认为"五音令人耳聋……圣人之治也，为腹而不为目"。大意是说"嘈杂的音乐声，让人听觉受不了……圣人治理天下，只求填饱肚子，而不追求声色的快乐"。《庄子·马蹄》篇建构的愿景就是"含着满嘴的食物玩耍，挺着圆鼓鼓的肚子游荡”。由此可见，吃饭之事，意义大矣！

整体来说，吃饭既简单又复杂。它牵涉四个层次，一是填饱肚子，二是品尝美味，此二者属于形而下的阶段。三是产生审美怡悦，四是体悟治国之道，此二者属于形而上的阶段。诸君如不信，请听笔者一一道来。

俗话说：人是铁，饭是钢，一顿不吃饿得慌。这道理谁都懂，就不用在下赘言了，姑且留些笔墨，来说说其他三个层次。随着社会生产力的日益提高，人们的物质生活逐渐改善，吃饭就不仅是为了果腹，它也是一种感官享受，这就进入了吃饭的第二个层次。《孟子·告子上》篇说：鱼是我想吃的，熊掌也是我想吃的。圣人都爱美食，我等凡人岂能例外。试想一下，当鸡鸭鱼肉、山珍海味齐齐摆在面前，我们是不是腹中馋虫蠢动，巴不得风卷残云、饱食一顿呢？有时，即使看着他人大快朵颐，我们的味蕾也不禁受到刺激，跃跃欲试。品尝美味，真是挡不住的诱惑。当然，享受美食，追求感官快感，只能算是吃的初级境界，如果想登堂入室，领会吃的真谛，凡夫俗子必须拥有一颗慧心，摒除功利的观念，才能升华到吃的高级境界。

中国菜历来讲究色香形味，四美兼具。悦目的色彩，浓郁的飘香，优美的造型，可口的滋味，人们面对如此丰盛美妙的食物，有时实在不忍下箸，烹调成了艺术，食物成了艺术品，品尝美味反而被人忽略。《庄子·外物》篇说：“言者所以在意，得意而忘言。”大意是说：“言语乃用来表达意义的，明白了意义就忘记了言语。”借用庄子的境界，我们似乎可以说：食者所以在“美”，得“美”而忘食。意思是“饮食必须讲究美，一旦进入了审美境界便忘记了吃”。果真如此，食者就进入了吃的第三层境界。

《庄子·知北游》篇说：道在屎溺（niào）。在庄子的心目中，道无处不在。一个有心人，喝酒能悟道，烹调、品尝美味也能悟道，商代伊尹就是一个著名案例。烹调与治国，是伊尹的绝活。伊尹本是商朝的厨师，做得一手好菜，在多年的烹调实践中，他悟出了“和而不同”的道理。所谓“和”，就是善于针对某种食物的特点，灵活地运用各种作料，使它们自然地融为一体。所谓“同”，就是不擅长调味，只会生煎硬炒，但是猪肉炒猪肉，羊肉炒羊肉，是炒不出美味的。伊尹由烹调之法联想到治国：优秀的执政者应该善于运用各种人物，容纳各种观点，使不同类型的人才能够和谐相处，为国效力，最终达到天下大治。伊尹将自己的治国理念付诸实践，果真大获成功，自己也成了一代贤相。由烹调这种雕虫之技，体悟到治理国家的雕龙之道，这就进入了吃的最高境界。《老子》第六十章中写道：“治大国若烹小鲜。”说的是治理大国好像烹调一尾小鱼。伊尹的成功经验大概给了他有益的启示吧！

综上所述，崇尚美食，百姓如此，圣贤也是如此。推而广之，神仙帝王概莫能外，由此形成了独具民族特色的饮食文化，并在文字中留下了鲜活的痕迹。汉字既然号称历史的活化石，那么就让我们循着这活化石的痕迹，来掀开汉字美丽而神奇的面纱，走进五彩缤纷的饮食世界吧！

另外，需要说明的是，因时间关系，书中部分插图未能联系上相关作者，如有疑问，请联系暨南大学出版社，届时会以一定的形式表示感谢。

目　录

引子　“饮食”与“饕餮”——从传说中的怪兽说起

说起饮食，我们不能不想起贪吃的怪物——饕餮（tāo tiè）。饕餮是传说中的凶恶怪兽，其最大的特点就是贪吃、能吃，甚至想把天都吃掉。于是，“饕餮”成了“贪吃”、“贪婪”的代名词。《左传·文公十八年》：“缙云氏有不才子，贪于饮食，冒于货贿……天下之民以比三凶，谓之饕餮。”时至今日，贪吃的人仍被戏称为“老饕”、“饕公”。饕餮为何生就这么一副德行？我们还是从其字形开始探讨，揭开它特别贪吃的奥秘吧。

《说文解字·食部》：“饕，贪也。从食，號声。”《广韵·屑韵》：“餮，贪食。”“饕”、“餮”都是形声字，一个表形的“食”旁，揭示了其贪吃的本性，后用来借指贪吃的怪兽。

传说中饕餮特别能吃，有鉴于此，人们对其形象进行了充分的想象及夸张。根据上古器物上描绘的图像，饕餮没有身体，《吕氏春秋·先识》记载：“周鼎著饕餮，有首无身，食人未咽，害及其身。”它昂着一个巨大的头，张着一张巨大的嘴，时刻准备吃东西。奇怪的是，饕餮很喜欢吃人，不管三七二十一，吃你没商量。然而，先民却非常崇拜它，他们将饕餮的形象刻在酒器上，乃至刻在用青铜铸成的尊贵大鼎上，视之为神圣的图腾，虔诚地顶礼膜拜，这反映了原始社会人类的“吃崇拜”意识。

众所周知，进食是动物生存的最起码条件。人类从动物脱胎而来，当然也遵循这个规律。在丛林社会，弱肉强食，自然淘汰，正如俗语所说：“大鱼吃小鱼，小鱼吃虾米，虾米吃污泥。”在肉食动物中，善于捕捉食物的佼佼者，总是受到同类的尊重。反之，面对恶劣的生存环境，弱小动物并不会束手就擒，坐以待毙。它们为了维持生存，延续血脉，必须学会逃生的技能。因此，凶禽猛兽有时要满足食欲并不太容易，人类也是如此。人类在进化的过程中，是在同其他动物的斗争中发展壮大的。人吃动物，动物也吃人，就看谁的本领高强。《礼记·礼运》篇描绘太古之时：“未有火化，食草木之食，鸟兽之肉，饮其血，茹其毛。”成语“茹毛饮血”来自于此，它道尽原始人类生存的艰辛。毫不夸张地说，获得充足的食物，是原始社会人类最美好的理想。基于此，人类羡慕饕餮，进而崇拜饕餮，能像它那样不停地享受美食，真是人间第一乐事。在这种心理促动下，饕餮的大头、大嘴幻化成了绚丽的五彩光环，它俨然不再是吃人的野兽，而是威严尊贵的食神，获得芸芸众生由衷礼拜的殊荣。古往今来，饮食爱好者都以饕餮为偶像。颜之推认为老人虽有寿相，还不如老饕善吃；苏轼作《老饕赋》，就以“老饕”自居；《羊城晚报》的饮食专刊名曰“老饕广场”。凡此，说明饕餮的形象深入人心，成了善吃的化身。

饕餮

时间似流水，一去不复返。经过漫长的进化，人类进入了文明社会，逐步学会了稼穑、烹调，生存技能日益提高，从而告别了茹毛饮血的时代。先秦两汉南北朝，社会上普遍实行一日两餐制。晁错《论贵粟疏》说：“人情一日不再食则饥。”有了两顿稳定的饭食，不再存在饿肚的担心，就要讲究吃的质量了。于是人们开始追求美食，各种烹制技艺日新月异。《论语·乡党》篇曾对饮食发表了一番高论，大意是：食物不嫌做得精致，鱼肉不嫌切得细巧；食物经久而发霉变味，鱼腐烂肉败坏，都不吃；颜色难看，不吃；气味难闻，不吃。孔子家道中落，并不十分富裕，但瘦死的骆驼比马大，口袋里的钱总还有几个。他对饮食如此讲究，代表了中上层社会的理念。在这种饮食理念的促动下，厨师主妇们八仙过海，各显身手，制作了一样样丰姿多彩，令人垂涎三尺的食物。诸君如想知道古人怎样享用美食，就让相关的汉字来讲述一下前辈的美食历程吧！

一、主食篇

（一）贻我来牟，帝命率育——说“来”

说起“来”字的今义，真是再平常不过了。诸位可能没想到，“来”的本义却是一种食物，尤其是北方大地的百姓，一刻也少不了它。说到这里，诸位也许会问，“来”到底是什么东西呢？答曰：麦子。

“来”的繁体为“來”，仍然依稀可见麦形。如果求之古文字，那就更形象了。“来”的甲骨文为“”，金文为“”，二者均很像麦子的形状。

《说文解字·来部》指出：“来，周所受瑞麦来麰(móu)。”大意是麦子是天帝赏赐给周人的。为何说是天把麦子赐给周民呢？《诗经·周颂·思文》说：“贻我来牟，帝命率育。”朱熹《诗集传》注：“来，小麦。牟，大麦。”“牟”，后来写作“麰”。

诗歌赞颂后稷送给周民麦种，奉天命养育百姓。后稷是周人的始祖，又名弃，其一生充满了传奇色彩。关于后稷的故事，《诗经·大雅·生民》记载得更为详细，具体情节如下：

后稷是无父所生，他的母亲叫姜嫄。有一天，姜嫄无意踩到了天帝的脚印，不料就怀胎生下了后稷。姜嫄觉得事情很怪异，恐怕不吉利，就将后稷扔到狭窄的小巷里，不想牛羊都主动过去喂奶给后稷吃。姜嫄又把后稷扔到树林里，他又恰巧被砍柴人救了。姜嫄一狠心，再次把后稷扔到寒冰上，结果更神奇的现象出现了：只见天上的大鸟赶忙飞过来，展开翅膀为他挡风御寒。此时此刻，后稷禁不住大声哭起来了，其声音响彻云霄，满路行人无不惊讶。姜嫄终于明白了，这是上天所赐之子，抛弃不得，于是带回家精心养育。

后稷因为曾被母亲丢弃，所以名字为“弃”。这个故事具有较高的史料价值，它反映了原始社会人们只知其母而不知其父的现象。进入文明社会后，古人觉得女人无夫生子不光彩，因而认为后稷是上天之子，他受命于天，把麦子等农作物带来人间。“弃”天生聪明伶俐，特别是对农业生产很有天赋，他带领周部族勤劳耕种，获得了一个个丰收之年，“弃”也就成了“后稷”。所谓“后稷”，就是“谷神”、“谷王”之类的意义。后稷一腔心血扑在工作上，最终使周部族人丁兴旺，蒸蒸日上，为其后代子孙战胜商纣奠定了基础。

通过这些神话传说，我们能更好地理解上天赏赐周人麦子的说法。

麦子是上古极为重要的主食，缺了它，芸芸众生难以为生。尤其在北方，它是十分常见的主食。《诗经》一书多次提到麦子的栽种，如《鄘风·载驰》：“我行其野，芃（péng）芃其麦。”（芃芃：茂密的样子）《王风·丘中有麻》：“丘中有麦……将其来食。”不管是王公贵族，还是平民百姓，麦子都是赖以活命的东西。《左传·成公十年》记载了这样一个故事：

晋景公梦见厉鬼作祟，召来巫师占梦。巫师预言他命不长了，肯定吃不上新麦子。晋景公不信这个邪，延请了一个叫医缓的名医来治疗。医缓说晋景公病入膏肓，不可救药。晋景公觉得与梦中情景相吻合，于是称赞医缓是良医，还重重地赏赐了他。到了六月，晋景公想吃麦食，他让人献上麦子，又叫厨师煮熟，然后把巫师叫来。晋景公一边拿着煮熟的新麦给巫师看，一边气呼呼地训斥他说：你不是说我吃不上新麦吗？真是一派胡言！骂完之后，晋景公令人把巫师杀了，接着准备吃麦子，却突然肚子发胀。晋景公赶忙去洗手间方便，不料却摔在粪池中呛死了，果然还是没吃上新麦子。

“来”字本来表示“麦”的意思，怎么变成了来去之“来”呢？《说文解字·来部》的解释是：“天所来也，故为行来之来。”如上所述，麦子是天帝赏赐给周民的，它来自于天上，因此引申为行来之“来”。“来”

的今义产生后，“麦”字“粉墨登场”，表示“麦子”的意义。

说完了“来”，顺便提提“牟”字。关于“牟”字，人们多半会联想到“谋取”的意思，但这不是它的本义。《说文解字 · 牛部》：“牟，牛鸣也。从牛，象其声气从口出。”“牟”的小篆为“牟”，是个象形字，活像牛口中吐气的样子。随着农耕社会的发展，“牟”字后来假借为“大麦”，但没过多久，又被“麰”字替代了。

小麦

大麦

（二）著书都为稻粱谋——说“稻”、“粱”

自古以来，北方以面食为主，南方以饭食为主。说起饭食，稻子就得唱主角了。

> 《说文解字·禾部》：“稻，稌（tú）也。从禾，舀声。”“稻”是个形声字，左边的“禾”表意。“禾”的甲骨文为“”，是个象形字。细看其字形，上面像穗与叶，下面像茎与根，真是惟妙惟肖。字的寓意是稻的植株被沉甸甸的谷穗压弯了腰，象征着粮食大丰收。“粱”的本义为粟，后多指精细的米饭。《说文解字·米部》：“粱，米名也。从米，梁省声。”也就是说，“粱”的形旁是“米”，声旁本来是“梁”，为了美观方便，就把“木”省略了。

稻子的栽种历史悠久，可以上溯到原始社会。《史记·夏本纪》提到大禹曾经“令益予众庶稻，可种卑湿”。益即伯益，舜帝的大臣，辅佐大禹治水有功。稻子生性适宜低湿地带，黄河南北皆可种植，但主要流行于长江以南地区。《论语·阳货》：“食夫稻，衣夫锦，于女安乎？”大意是“吃着精细的米饭，穿着华美的锦绣，你心安理得吗？”这是孔子质问宰予：如果你为父母守丧不满三年，便贪图享受，心里能安然吗？文中“稻”与“锦”相对，足见它的珍贵。古代北方以稷、麦为主食，稻、粱都是难得的珍品，一般人家不容易吃上。

稻米营养丰富，又便于解饿，从古至今，养活了华夏大地的众多人口，可谓功劳无比。除了充饥之外，稻谷中的黄米、糯米等黏性米还是酿酒的绝佳原料。《诗经·豳风·七月》：“十月获稻，为此春酒。”由此可见，古人很早就知道酿造米酒了，也就是颇具中国特色的黄酒品种。陶渊明酷爱饮用黄酒，据《宋书·隐逸传》记载：陶渊明任彭泽县令时，令人将三百亩公田全种上一种具有黏性的稻，准备用来酿酒。可见他真是个超级酒仙了。其妻坚决要求种粳（jīng），陶渊明才不得已留了五十亩地种植粳稻。

古代生产力不发达，有的农作物是一年一次收成，因此米饭虽香，但来之不易。农夫千辛万苦，连日累月劳作，风吹雨打日头晒，才有了那一点点食粮。遇上饥馑岁月，一担米真是胜过无数珍宝。李绅《悯农》诗：“锄禾日当午，汗滴禾下土。谁知盘中餐，粒粒皆辛苦。”诗歌寥寥几句，道尽农夫的艰辛及粮食的珍贵，是名副其实的警世良言。

稻粱口味佳，营养高，因而成了美食的代称。如“膏粱”、“粱肉”皆指精美的食物，“稻粱谋”比喻人谋求生计。俗话说：“人为财死，鸟为食亡。”此话当然有点以偏概全，但历来工人做工，农民种地，商人经商，无非为了生存。士人著书立说，固然有的具有崇高理想，但也不乏谋生之辈。龚自珍《咏史》诗：“避席畏闻文字狱，著书都为稻粱谋。”清朝时期，文字狱盛行，文人稍有不慎，就会莫名其妙地脑袋搬家。饶是如此，为了一碗白米饭，文人学士还是禁不住手痒，要拿起笔来一抒情怀。个中甘苦得失，只有作者自己深知了。

粳稻

糯稻

（三）何不食肉糜？——说“羹”

羹是用肉类或肉菜相杂制成的有浓汁的美食，深为古人所喜爱，更是上层社会餐桌上不可缺少的东西。《左传·隐公元年》提及这样一件事：颍考叔为了唤醒郑庄公的孝心，在与庄公共同进餐的时候，有意不吃自己的那份羹，声称要带回家中孝敬母亲。《史记·宋微子世家》记载的事件则更为让人心惊肉跳，故事说的是郑国攻打宋国，宋国主将华元进行战前动员，并且用羊羹犒劳部下，却粗枝大叶，忘了给其御者羊斟一份。羊斟气愤不已，两军对战时，他竟然故意将马车赶到敌军营中，致使华元当了俘虏。通过这两个事例，肉羹的珍贵可见一斑。

羹的小篆字形是“”，像用锅烹羊的样子。从字形结构看，下面的“鬲”是古代的炊器，上面的“羔”是鲜美的小羊。整个字的寓意是用锅烹制新鲜小羊，同时用醋、酱、盐、梅、菜等五种作料来调味，这当然香气扑鼻，鲜美可口了。

羹的品种繁多，名贵的如“驼蹄羹”，即用驼蹄做的羹。杜甫《自京赴奉先县咏怀五百字》诗描写权贵生活：“劝客驼蹄羹，霜橙压香橘。”真是灯红酒绿，一掷千金。《独异志》卷下叙述唐朝宰相李德裕生活极其奢华，“每食一杯羹，费钱约三万”。如此排场，寻常人家做梦都不敢想。楚汉争雄时，项羽把刘邦的老爹绑在阵前，扬言刘邦如不答应条件，就立刻将其爹活活煮熟。谁知刘邦心理素质特好，他不但不怕坑爹，反而火上添油说：你我二人当初结拜为兄弟，所以我的爹就是你的爹，你如果硬要把你的爹煮了吃，希望你能分给我一杯羹。项羽是头脑简单的直肠子，对于刘邦嘴皮上的死缠烂打，一时竟然没招了。人质变成了烫手山芋，结果是刘邦不仅没坑爹，反倒最终救了爹。本此，成语“分我杯羹”、“分一杯羹”表示分享利益或同担痛苦。

如前所述，羹是富贵者餐桌上的常客，一般百姓难有这样的口福。好笑的是，历史上有一位糊涂皇帝，以为老百姓能像他那样天天有羹吃。《晋书·惠帝纪》记载：“及天下荒乱，百姓饿死，帝曰：‘何不食肉糜？’其蒙蔽皆此类也。”西晋时期，民不聊生，道殣相望。晋惠帝司马衷居然问：他们为什么不吃肉糜？其昏庸之态活灵活现，跃然纸上。

“肉糜”究竟是什么东西呢？《说文解字·米部》：“糜，糁

(sǎn)也。”段玉裁注:“以米和羹谓之糁。”“糜”是个形声字,指比较浓稠的粥。

“肉糜”就是肉羹之类的美味,平时都不是小民随便吃得到的;灾荒爆发的时候,行将倒毙的饥民更是不敢有此奢望。遗憾的是,司马衷虽然为他们想到了,可惜只说了一句画饼充饥的空话,徒然留下千古笑柄。

随着社会的变迁,羹所指的范围逐渐扩大,除了肉羹之外,还包括菜羹。所谓菜羹,顾名思义就是用蔬菜调制的羹。《论语·乡党》篇:“虽疏食菜羹,必祭。”“疏食”就是粗糙的米饭,菜羹与它并列,肯定不是精美的食物。《吕氏春秋·任数》:“孔子穷乎陈蔡之间,藜羹不斟,七日不尝粒。”意思是孔子在陈国、蔡国走投无路,身处险境,连藜菜羹都吃不到,肉就更别想了。《乐府诗集·十五从军征》:“舂谷持作饭,采葵持作羹。羹饭一时熟,不知贻阿谁。”这里的羹是用葵菜叶调制而成,调制者乃一位八十岁的孤独老人,自然是地道的家常便饭了。古时民间风俗,正月初七要吃“七宝羹”。所谓“七宝羹”就是用七种蔬菜拌和米粉做成的羹。既然家家户户都能吃上,想必也是普通的菜羹。

说到羹,不由得使人想起“吃闭门羹”这个惯用语。“闭门羹”来自一个动听的故事,具有独特的趣味,事见唐朝冯贽撰写的小说《云仙杂记·迷香洞》。故事说的是宣城妓女史凤颇具个性,她制定了三种待客标准。上者,遇见非常优异的客人,她就青眼相加，以“迷香洞”、“神鸡枕”、“锁莲灯”倾心相待。中者，遇见比较满意的客人，她则以“交红被”、“传香枕”热情款待，并献上一碗“八分羹”。下者，遇上不满意的客人，她就拒不相见，只派人送给客人一碗“闭门羹”，并代说一声“请您梦中来吧”。客人虽然未达所愿，但听了一句宽心话，加上一碗羹在手，有个台阶可下，就顺势知难而退了。揆情度理，“八分羹”是史风用来招待中意客人的羹，其价值应高于“闭门羹”。

肉糜

七宝羹

（四）赔了夫人只为“饼”

饼是一种诱人的美食，可说老少咸宜，男女皆喜。

《说文解字·食部》：“饼，面餈（cí）也。”《释名·释饮食》：“饼，并也。溲面使合并也。”

古代的饼一般为圆扁形，用面粉等原料制成。《齐民要术·

饼法》指出:“饼肥美,可经久。”道出了饼味道醇厚鲜美,便于长期储存的特点。在食品不很充足的年代,“饼”是颇为走俏的食品。它好吃又充饥,谁见了都想咬几口。《笑林广记·腐流部·咬饼》讲的就是这样一个笑话,一个老师见学生手拿一饼,就哄学生说:“我咬个弯弯的月亮给你看。”说完,就狠狠咬了一口。咬完之后还不过瘾,老师又说:“我再咬个镰刀给你看。”学生见势不妙,连忙用手把饼挡住,结果老师一口咬在学生的手指上。如此看来,“饼”确实太诱人了!不过同《百喻经》中的某男子相比,该老师又是小巫见大巫了。

《百喻经·夫妇食饼共为要喻》讲了一个夫妻争饼吃的故事。为了吃到一个饼,夫妻相约,谁要是先开口说话,就不能吃这个饼。定下规矩之后,夫妻都不敢说话不敢动。恰好此时,一个小偷进来偷东西,把他们家值钱的东西一扫而光。夫妻二人因有约定,只能眼睁睁看着不敢说话。小偷觉得有蹊跷,乘机浑水摸鱼,动手动脚,占女主人的便宜。丈夫为了那张诱人的饼,只好忍住不说。妻子实在忍不住了,不禁破口大骂其夫,谁料她的丈夫却拍手大笑说:“傻丫头,这饼铁定归我了,再也没有你的份!”故事的主旨虽是夸张地嘲笑那些因小失大的蠢人,但客观上也说明了饼的魅力真是挡不住!不是吗?曾记孩提时代,笔者与许多小伙伴,除了吃饭有肉之外,最大的乐趣就是饭余有饼吃了。

古代还有一种饼,名称为“餈”。

《说文解字·食部》：“餈，稻饼也。”“餈”，今一般写作“糍”，指用糯米或其他黏性大米为主要原料做成的食品，俗称米饼、糍粑等。

糍粑各地做法不尽相同，但万变不离其宗，都是利用糯米等黏性米柔软清香的特点，制作出精致诱人的美食。传说中的女中豪杰李寄就是以糍粑为诱饵，斩掉了不可一世的大蛇妖。

据晋代干宝《搜神记》卷十九记载：东越国闽中有一座山叫庸岭，山上有条大蛇，长七八丈，粗十多围。这条大蛇无恶不作，危害一方。尤其令人发指的是，这畜生托梦给人，每年八月初一要吃一个十二三岁的女孩。县令斗不过蛇妖，只好委曲求全，招募自愿舍身喂蛇的人。累年积月，蛇妖已经吃了九个女孩。将乐县李诞之女李寄决定应募，父母不忍心，她就悄悄来到县城，请求官府给她一剑一犬。如愿以偿后，李寄孤身来到山上，将拌了许多蜜的糍粑放在蛇洞口。蛇闻到米饼的香气，扑上去狼吞虎咽，李寄乘机放出狗去撕咬，随后以迅雷不及掩耳之势攻向蛇妖。只见宝剑挥舞，寒光闪闪，蛇妖立马被斩成了几大截，李寄于是成了远近闻名的女英雄。

饼就是这样诱人，人畜皆喜，甚至连出家人也挡不住诱惑。《书摘》（2013 年第 4 期）刊登了梁文道《专心吃饭》一文，文中提到二十世纪一位日本大禅师在圆寂前，“拿起了一块甜饼，放进口中，有点艰难地慢慢咀嚼。吃罢，他微微启唇，好像要说点什么，于是弟子们统统紧张地紧聚过去，心想师父要做他人生中最后一次开示了，非得好好听清楚不可。老禅师终于说话了，他只说了两个字：‘好吃！’然后就断了气”。

得道高僧临终前说的不是佛事，不是佛理，而是返璞归真的普通人的情趣。能让高僧这样梦萦魂绕，饼真的是好东西呀！

古时的“饼”是用面粉制成，“糍”是用糯米制成，而糕则两者皆可，它是用米粉、面粉或豆粉做成的食品。其特点柔软耐嚼，富有弹性，是馈赠佳品。《东京梦华录·重阳》：“前一二日，各以粉面蒸糕遗送。”糕的种类繁多，形状各异，但由于原料、做工不一，质量差别很大。《红楼梦》第十八回写道：“刚演完了，一太监执一金盘糕点之属进来。”此类皇家点心，精美无比，自是上等小吃；而民间为了糊口求生的柏叶糕，则质地粗糙，味道平平。“糕”与“高”同音，象征着兴旺发达，步步高升。发糕意喻发财之糕，尽管美梦未必成真，但有梦总给人一点盼头。年糕也是民间喜爱的食品，年糕年糕，过年不可缺少。它寓意丰富，装点了节日气氛，也寄寓了人们新年祈福的美好心愿。

当今社会日新月异，饼的种类不计其数，并且由主食变成了零食。长期以来，社会上有种成见，总把贪吃零食看作一种毛病。或许在商品匮乏的年代，物资供应严重不足，吃零食是要破费的，对许多饭都吃不饱的家庭来说，未免太奢侈。但如今时代不同了，国家经济蒸蒸日上，人们生活好起来了，吃一吃饼之类的零食既享口福，还可拉动消费，一箭双雕，我们何乐而不为呢？

糍粑

（五）水饺水饺，过年不可少

春节是中国最重要的传统节日，其核心理念乃除旧迎新，团圆和谐，幸福安康。除夕与元宵是春节的两个重要日子，充分体现了这些内涵。它们一头一尾，除夕揭开了热热闹闹过年的大幕，元宵意味着这出喜剧即将圆满落下帷幕。我们要了解过年的文化意蕴，就必须明白这两个日子的重要意义。

春节，俗称过年，也叫过大年。在甲骨文中，“年”的形体为“”。显而易见，甲骨文的“年”，上面为“禾”，下面为“人”。人的头上顶着沉甸甸的谷穗，自然表示年成好。《说文解字 · 禾部》：“年，谷孰也。”

“孰”是古“熟”字，“谷孰”就是“五谷成熟”，这是“年”的本义。上古时期，北方谷物一年一季，“年”因此引申出如今最常用的意义，指“地球围绕太阳运行一周的时间”。

古人一年三百六十五天，日日辛勤劳作，托老天爷之福，好不容易有个好年成，自然要庆贺一番，同时祈祷来年风调雨顺，于是形成了过年的风俗。在过年的各类食品中，饺子占有一席重要之地。水饺水饺，过年不可少。吃饺子主要流行于中国北方，并随着时间的流逝，逐渐受到南方人重视。

饺，也叫饺子，古称饺饵，是一种半圆形的有馅儿的面食。

北方俗语“好吃不过饺子”、“年饭尤数饺子香”，足见其在北方人心目中的地位。再美的年饭，如果少了饺子，则会显得美中不足。南方虽不很流行饺子，却时兴“馄饨”，广东称为“云吞”，江西称为“清汤”。馄饨除形体比饺子小之外，造型、用料、滋味都与饺子有相似之处，这反映了华夏百姓共同的饮食习惯。

饺子常见类型有水饺、蒸饺、煎饺，其中水饺最为走俏，是北方大地逢年过节不可缺少的东西。尤其是年饭，水饺要唱主角。春节吃饺子的时间，也很有讲究，一般定在子时，即除夕深夜十一点至大年初一凌晨一点这段时光，深夜十二点左右最佳。寓意“更岁交子”，“饺”与“交”谐音，“子”即子时，表示送走旧年，迎来新年。这里说的吃饺子的时间，是指一般情况，具体情况因人因地而异，不可过于死板看待。如今北方人家过除夕，饺子仍是标志性食品。老人小孩熬不过夜，可在晚上八九点钟就吃，表示“送旧”，体力耐心好的，可等到除夕与初一交替之时。至于大年初一，百姓起床后的早餐，饺子是当仁不让的主角，表示“迎新”的意思。

自古以来，中国就有北方面食、南方米饭的传统。在面食品种中，饺子声价颇高。除春节外，平时隔三岔五，逢有喜庆之事，北方人都爱包饺子庆贺一番。除了品尝美食之外，包饺子还具有象征意义。一家人坐在一起，边聊边包，交流心得，展望前景。不知不觉之间，打发了时间，活跃了气氛，融洽了亲人之间的感情，增强了家庭的凝聚力。随着北人南迁，南人北上，风俗习惯彼此渗透，不少南方人也爱上了吃饺子，并学会了包饺子。

说起包饺子，它可是一门技术活。皮儿厚了既不经济，又不好吃；皮儿薄，馅儿多，技术不佳就露馅了。这些包饺子的术语生动形象，进入了日常语言系统。例如“包饺子”等于说“一锅端”，“露馅”就是“暴露秘密”，看来饺子与我们的生活真是密切相关。

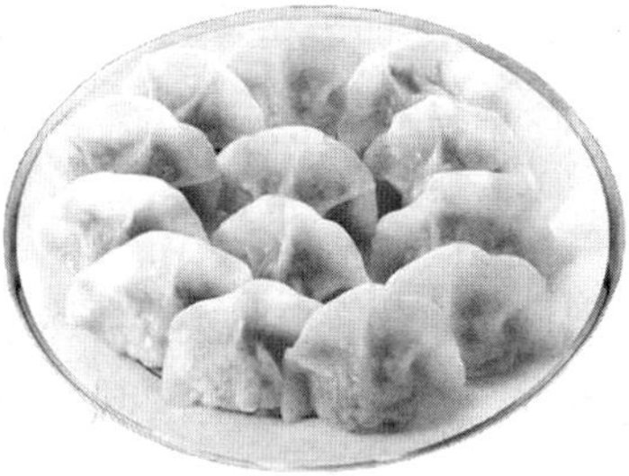

饺子

馄饨

（六）汤圆汤圆，全家团圆

过年是一年四季最喧闹的时候，从除夕到元宵，时间跨度十几天，一系列节目纷纷登台亮相，例如聚餐、祭祖、走亲、访友、聚会等等，令人应接不暇。在这些活动中，有两个饮食活动意义非凡：一是合家团聚吃水饺，北方大地不可少；二是元宵吃汤圆，象征着团圆。上一节写了水饺，这一节说说汤圆。

元宵节是中国重要的传统节日，各种应时食品纷纷“粉墨登场”。在眼花缭乱的食品中，汤圆当仁不让，在这个大舞台扮起了主角，领导饮食潮流。汤圆口感润滑，滋味香甜。它一般由糯米粉包裹芝麻、豆沙、花生、白糖等原料制成，看起来洁白圆润，玲珑剔透，惹人喜欢。说起吃汤圆，歌曲《卖汤圆》可是遐迩闻名，让人难忘。它节奏轻松明快，生动活泼，表现了节日的喜庆气氛。一句“卖汤圆，卖汤圆，小二哥的汤圆是圆又圆”，勾起了人们多少甜美的回忆，淋漓尽致地表达了人们对汤圆的喜爱之情。汤圆又名元宵，还曾名“圆子”、“团子”，寓意无不以团圆为核心。汤圆汤圆，全家团圆，吃毕汤圆，完美收官。

每年正月十五元宵节，吃汤圆是一种标志性的活动，但并不是整个春节只这一天吃汤圆。随着时间、场合的不同，各地风俗有所差异。有的地方，离元宵节还有好些日子，汤圆已经风风火火登场了；而有的地方，正月十五之后，人们还在继续吃汤圆。由此看来，现实生活中，吃汤圆要持续好一段时间，元宵日不过最正宗、最隆重而已！

一般来说，元宵是过年的最后一天，欢乐即将过去，平淡又要来临。人们抓住这节日的尾巴，进行最后的狂欢。除了吃喝之外，各种聚会活动竞相亮相，俗称“闹元宵”。“闹元宵”活动很多，诸如“闹花灯”、“舞龙狮”、“点灯笼”、“放烟火”等等，都以灯火为中心，历史上也发生了许多故事。例如“只许州官放火，不许百姓点灯”，说的是宋代州官田登，自讳其名，凡与“登”同音的字皆不能用，违者多被鞭打。到了元宵节，当地布告只能说“本州依例放火三日”，而不准出现“灯”之类的字眼。

宋代城市繁荣，节日尤为热闹。据《大宋宣和遗事·十二月预赏元宵》记载，宋徽宗宣和六年元宵夜，京城举行大型灯会，允许百姓自由观赏。一女子看灯会时，在端门被赏喝御酒一杯，不料该女子见了金杯，顿时起了贪心，顺手牵羊将酒杯藏在怀里，结果被人逮了个现行，押到皇帝面前。紧急关头，窃杯女子灵机一动，巧妙为自己辩解，并赋词《鹧鸪天》一首，词曰：

月满蓬壶灿烂灯，与郎携手至端门。贪观鹤降笙箫举，不觉鸳鸯失却群。

天渐晓，感皇恩，传宣赐酒脸生春。归家切恐公婆责，乞赐金杯作照凭。

词的大意如下：

京城月儿圆圆，灯火辉煌灿烂，我与丈夫手拉手来到端门前。兴冲冲观看歌舞表演，不觉痴迷留恋，一不小心就同丈夫失散。

天渐渐就要亮，感谢皇恩浩荡。有幸传令赏酒一杯，喝得脸蛋放红光。回家生怕被公公婆婆责怪，请皇上赐我金杯作为凭证。

宋徽宗赵佶见该女子长得楚楚动人，且伶牙俐齿，出口成章，一时高兴，起了惜香怜玉之心，就将这酒杯赏给这位窃杯女子。教坊大使曹元怕是该女子的丈夫宿构此词，来骗取金杯，马上请奏皇帝，要该女子当场再作一词。皇帝立刻准奏，并以“金杯”为题考核此女，谁料窃杯女子迅速口占一词，终于拿走金杯，留下一段历史佳话。

汤圆

汤圆与水饺，过年不可少。

在春节这个最重要的传统节日里，饺子与汤圆是两种具有象征性的重要食物。它们一头一尾，遥相呼应，华丽出场，完美谢幕，联袂上演了一出热闹的喜剧，为整个节日增添了祥和喜庆的气氛。

（七）煎堆碌碌，金银满屋

小吃、零食也是饮食的一部分，对小孩的引诱力尤为之大。在一个温饱都难满足的社会，品尝小吃、零食是很奢侈的。但随着生产力的发展，人们的生活水准也逐渐提高，除了正餐的饭菜之外，小吃、零食也时时进入饮食范围。尤其是逢年过节，各种小吃、零食争奇斗艳，目不暇接。它们不仅满足了平民百姓的食欲，也寄托了他们对未来生活的憧憬。

岭南一带吃风兴盛，今日仍有“食在广州”的说法。除了菜肴品种非常发达之外，各种小吃、零食也是丰富多样。琳琅满目的食品，竞相展现风姿，极大程度地满足了人们的口腹之需，而在小吃、零食的百花园中，煎堆不得不提。

煎堆，北方话叫“麻团”，是一种用糯米粉做成的球形油炸食品。“堆”的本字是“䭔”，“䭔”是饼类食品，《玉篇·食部》：“蜀人呼蒸饼为䭔。”《广韵·灰韵》：“䭔，饼也。”

“䭔”在唐代很盛行，唐初诗人王梵志五言诗句：“贪他油煮䭔，我有波罗蜜。饱食不知惭，受罪无休日。”诗中透露出油䭔口味鲜美，十分诱人，但吃多了不利于身体健康。《喻世明言》第五卷《穷马周遭际卖䭔媪》是一篇很动人的传奇小说，说的是唐代贞观年间，落魄书生马周得到卖䭔的王媪相助，最终平步青云，并与王媪喜结良缘。需要说明的是，这里的“媪”，相当于南方话的“妈”，而不是“老太婆”。小说中的王媪三十有余，是一位风姿犹存的俏丽寡妇。

“䭔”字形体生僻，人多不识，逐渐受到冷落，于是人们就用同音的“堆”字来代替“䭔”。这种写法由来已久，可以说已经约定俗成了。

屈大均《广东新语·食语》说：“煎堆者，以糯粉为大小圆，入油煎之，以祀先及馈赠亲友者也。”由此可见，至少在清代，人们已经用通俗的“堆”替代雅致的“䭔”了。

煎堆是颇具岭南特色的零食，它香甜醇美，富于弹力，耐咀嚼，热吃尤佳，不过容易上火。冷却之后，味道虽稍逊，但仍名不虚传，值得一尝。传统广州人家，每逢过年，煎堆是必不可少的小吃，其象征性犹如北方的饺子。究其因，过年吃煎堆，寄寓

煎堆

了广府人新年祈福的美好愿望。煎堆呈圆形，体型饱满，暗寓团团圆圆、生活兴旺之意。广州俗语：“煎堆碌碌，金银满屋。”“碌碌”本是石头多的样子，这里指“多”。整句话意思简单明了，不用笔者赘言。在这条俗语中，煎堆成了招财进宝，讨人喜欢的吉祥物。

意外得到大便宜，汉语有许多形象的表达方法，江西方言称之为“捡窖”或“捡到了窖”，这是现实生活中出现几率很低的事。古代兵荒马乱时，有钱人家将贵重财产藏于地窖之中，后因种种原因，无法取走宝藏，便成了无人知晓的秘密。时移世易，换了天地。新来居民偶尔挖土，一不小心挖出了个地窖，陡然间喜出望外，变成了大财主。对于这种千载难逢的好事，普通话说“天上掉下个大馅饼”，而广州话则说“冷手执个热煎堆”。看来在广府人的心目中，煎堆之于各种零食，犹如鹤立鸡群，独受青睐，具有特殊的地位。

（八）路漫漫其修远兮，吾将上下而求索——说“粽”

说起粽子，大家不约而同会想到端午节，同时也会想起屈原这位忧国忧民的杰出诗人。中国传统节日很多，但因为纪念个人而产生的节日，端午节恐怕是绝无仅有的了。

战国末期，秦国虎视眈眈，试图对六国进行各个击破。屈原一心想振兴楚国，主张联齐抗秦，无奈楚王昏庸，奸臣当道，他空有一腔热血而无法施展才华。眼见楚国都城郢（yǐng）被秦兵攻破，国家亡在旦夕，屈原梦幻破灭，愤而投汨罗江自尽。传说屈原死后被蛟龙纠缠，灵魂不得安宁。楚国人同情屈原的遭遇，做成粽子之类的东西，投在水中祭奠屈原，驱赶蛟龙，后来演化成全国性的风俗，这就是端午节吃粽子的来历。南朝梁吴均《续齐谐记》记载："屈原五月五日投汨罗水，楚人哀之，至此日以竹筒子贮米，投水以祭之。"这就是关于端午起源影响最大的说法，其他诸如端午乃"纪念伍子胥"、"龙的节日"等说法，都传播不广，影响较小，足见屈原精神光照日月，感人至深。

端午吃粽子的习俗就这样传下来了，并且一传就是两千多年，"粽"成了端午的象征，是这个节日必不可少的头号食品。

"粽"本作"糉"，二者都是形声字，但"糉"字形冷僻，民间乐用"粽"字，"糉"遂湮没无闻。《广韵·送韵》指出："粽，糉的俗字。""粽"也叫粽子，《现代汉语词典》释为"一种食品，用竹叶或苇叶等把糯米包住，扎成三角锥体或其他形状，煮熟后食用"。

粽子大小不一，品种丰富，其共同点是糯米扮演主角。有的粽子纯由糯米制成，有的则糯米中含有馅。因为地方差异及个人喜好，所以馅的名堂也很多，有豆沙、莲蓉、果仁、猪肉、咸蛋、火腿片等。

从造字理据看，“粽”是形声字，声旁“宗”不表意，但民间解字历来喜欢望文生义。宗者，祖宗也。《说文解字 · 宀（mián）部》：“宗，尊祖庙也。从宀，从示。”“宀”的甲骨文字形为“”，或作“”，像房屋的形状。“示”的本义为地神，表示祖先和神灵。“宗”就是祖庙，即祭祀祖先的地方。这样一来，吃粽子就与怀念祖宗拉上了关系。

五月五是屈原投江的日子，因而它是一个悲情的日子。鲁迅在《坟 · 再论雷峰塔的倒掉》中说：“悲剧将人生的有价值的东西毁灭给人看。”屈原目睹山河破碎，心中“美政”理想随之破灭，他带着怨愤离开人世，虎狼之国的铁蹄最终肆意践踏楚国的大好河山，这是一出十足的历史悲剧，千古以来催人泪下。

屈原选择五月五这一天自杀，他有无特殊考虑，我们已不得而知。上古农历五月五日，本来就是一个不吉利的日子。当时民间认为：五月五日生子，男害父，女害母。由于这迷信的观念，当有不少该日出生的婴儿遭遇父母毒手。《史记 · 孟尝君列传》

讲了这样一个故事：

齐国靖郭君田婴有个不大受宠爱的小妾，该小妾某年五月五日生了一个儿子，也就是后来的孟尝君田文。田婴得子后很不高兴，命令小妾杀死这个儿子。小妾不忍心下手，偷偷将田文藏起来抚养。待田文长大后，田母叫来自家兄弟，陪着自己带领田文去见父亲。田婴一开始勃然大怒，田文赶快拜见父亲，并耐心开导其父。看着聪明伶俐的儿子，田婴终于放下心结，承认了既成事实。历史证明，田文自己也确实争气，他不仅没坑爹，反而成了战国四大公子之一，并以好士名闻天下。史载田文养有食客三千人，也算得上是当时政坛的风云人物。因为田文的事迹及其他原因，五月五生子害父的这条恶俗不攻自破，以后虽阴魂不散，但最终被人唾弃。田婴小妾以母亲的仁慈，拯救了亲生骨肉，也使后来一些五月五出生的人免遭毒手，真是功德无量，但可惜她的名字没有传下来。

粽子

如今的农历五月五，人人开心过端午。吃粽子、划龙舟，成了这个节日的标志性喜庆活动。往事过了两千多年，古人伤感哀痛的情绪今已一扫而光，取而代之的是一种喜气洋洋的节日聚会，这是时代的进步，但人们不会忘记屈原及其以身殉道的高尚情操。粽子在人心目中已不仅仅是食品，它还是怀念先人的感情纽带，尤其是其身上体现出的屈原“路漫漫其修远兮，吾将上下而求索”的坚定与执着，业已成为宝贵的民族文化遗产，激励着国人自强不息，努力前进。

二、副食篇（上）

（一）朱门酒肉臭——说“肉”

肉是肉食动物最可口的食物，也是人类崇尚的高级食物。《左传·庄公十年》中写到曹刿为朝廷出谋划策，有人劝阻他说：“肉食者谋之，又何间焉?”大意是：当官的会考虑这件事，你干吗掺和进去?“肉食者”在此成了朝中大员的代称，这正说明平民百姓是不容易吃到肉的。

> 《说文解字·肉部》：“肉，胾（zì）肉。象形。”“胾肉”就是切成大块的鸟兽之肉。甲骨文“肉”字为“”，小篆为“”，均是象形字，像切成块的肉。

在大自然中，动物之间为了获得肉食，上演了一出出弱肉强食的惨剧。同样，人类想要吃肉，也要与自然进行艰苦的斗争。后来社会发展了，人类学会了畜养牲畜，生活条件大为改善。但总体而言，上古生产力不发达，吃肉仍是一件奢侈的事。《孟子·梁惠王上》篇说道："鸡豚狗彘（zhì）之畜，无失其时，七十者可以食肉矣。"意思是"掌握好养鸡养猪养狗的时机，七十岁的老人才有吃肉的口福"。风调雨顺，把握时机，七十岁的老人才有吃肉的资格，可见在古代确实一肉难求。当然，富贵人家又当别论。杜甫《自京赴奉先县咏怀五百字》诗："朱门酒肉臭，路有冻死骨。"诗句揭露了触目惊心的悲惨现实：一方面，豪门巨富酒肉吃不完，多得发酸发臭；而另一方面，贫苦百姓则饥寒交迫，倒毙街头。

由于各种主客观条件的制约，肉食来之不易，请人吃肉是一种隆重款待；对于臣子来说，皇帝赐肉是一种极大的荣耀。《史记·滑稽列传》及《独异志》卷上讲了这样一个故事：汉武帝赏赐东方朔吃饭，饭后，东方朔将剩下的肉全部打包，装在怀里带走了，衣服也给弄得脏兮兮的。汉武帝觉得有辱斯文，要东方朔作检讨，东方朔辩解说："我拔剑割肉，多么勇敢哪；肉割得不多，多么清廉哪；回家给太太，多么仁爱呀。"汉武帝被忽悠得很开心，于是赏赐东方朔一斛酒、一百斤肉，让他带回家慰劳妻子。

"肉"是笼统的称呼，涵盖很广泛。日常生活中，猪肉、羊肉、鸡肉、狗肉等比较常见。按照古人饮食理念，山珍海味高于家常肉类，因而除了常见的肉食，古人还把目光放在了山上跑的、天上飞的、水里游的，肉食的范围随之扩大，其中"鱼"类最为常见。

甲骨文的“鱼”为“”，像鱼儿的形状。金文为“”，笔画细致，更像鱼的形状了。

先秦时期，普通鱼类虽比不上肉，但也不是等闲之物。在一些隆重的日子，平常人家才可吃到鱼。在今天，“鱼”与“余”同音，暗含有余的意思，是个吉利的字眼，因而每逢喜庆之日，鱼是餐桌上不可或缺的食物。它象征生活富足，天天有余，年年有余。至于海味中的“鼋”（即甲鱼）与山珍中的熊掌，古今皆为不可多得的珍品，深为上层社会所推崇。对于嗜吃一族来说，能够吃上甲鱼，可谓三生有幸了。《左传·宣公四年》讲了一个有趣的吃甲鱼的故事，具体情节如下：

楚人献了一只甲鱼给郑灵公，公子宋此时恰好食指动了一下，自我感觉应有口福。后来，郑灵公请群臣吃甲鱼，故意把公子宋叫去，却不给他吃甲鱼。公子宋气得头脑发昏，怒气冲冲地伸出指头，在煮甲鱼的鼎中蘸了一点汤，用来发泄心中的不满，然后吮吸着手指离开了。

汉语“染指”一词便是来源于此，多用来比喻获得非分的利益。这个历史故事生动地说明：与素食相比，荤食的地位非同寻常，而甲鱼更是尊贵显赫，令人神往，能喝点汤都是一件荣耀的事。

时过境迁，斗转星移，普通人家食不果腹，块肉难求的年代已经一去不复返了。相比改革开放以前，如今社会发展迅速，物质丰富，百姓生活殷实富足，肉类鱼类唾手可得。天天有肉吃，即便对一些相对贫寒的人家来说都不是什么难事。随着社会的变化，人们的饮食观念有所更新，肉吃多了未必是好事，“少吃肉，多吃素”越来越为人们所认同。“管住自己的嘴，迈开自己的腿。”此话说的是成年人要多运动，别贪吃山珍海味，否则物极必反，弄出个“三高”、“四高”，就有损身体健康了。

红烧肉

甲鱼炖汤

（二）玉盘珍羞直万钱——说“羞”

一提起“羞”字，我们就会联想到眨巴着大眼睛的妙龄女子。曾几何时，“羞”是天真少女的招牌表情，那犹抱琵琶，婀娜多姿的动人神态，令不少男子百看不厌。这些年来，社会越来越开放，各种交际活动日益频繁。在这种文化背景的熏陶下，女孩们一个个变得落落大方，甚至比男子还潇洒几分，“羞涩”的表情自然罕见了。“羞、羞、羞，刮脸沟”成了孩童玩耍时的顺口溜，他们多半也是不大害羞的。这当中的得失，笔者不作讨论，倒是想就“羞”字的形体，对其意义的变迁探讨一番。

“羞”字的本来意义是什么呢？说起来你也许会感到意外，它与“害羞”毫无关系。古代文献证明，“羞”字的本义不是指供人看的表情，而是让人品尝的佳肴。《说文解字·丑部》：“羞，进献也。从羊，羊所进也。从丑，丑亦声。”上述分析基本阐释了“羞”字的构型及其含义，但因为字形的变化，个别地方有待完善。“羞”的甲骨文、金文字形分别为“”、“”，是个会意字。字形从又（“又”指人的手）持羊，表示进献美食的意思。在小篆及楷书中，手持羊的造型已经变为“丑”，表意不够准确。“羞”的本义指“进献美食”，字形上用羊作代表。为什么要用“羊”来代表美食，这就要分析“羊”字的结构了。甲骨文的“羊”为“”，《说文解字·羊部》：“羊，祥也……象头角足尾之形。”也就是说：羊是个象形字，字形突出其头上的角。

羊肉味道鲜美，象征吉祥美好，因而被人所喜爱，成了进贡的佳品。

古汉语中，一个汉字往往可兼名词、动词两种用法，“羞”字也不例外。它既可作动词，指进献美食；也可作名词，指精美的食物。

“羞”字用作“珍贵食品”之义，在古籍中不乏其例。例如屈原《离骚》诗：“折琼枝以为羞。”李白《行路难》诗三首之一：“金樽美酒斗十千，玉盘珍羞直万钱。”句中之“直”，后来写作“值”。

随着时间的流逝，“羞”在书写的过程中，字形逐渐发生了变化，手持羊的形状变成了“丑”，已看不出献羊的意思。于是，人们与时俱进，又造了个形声字“馐”。“羞”与“馐”就构成了古今字的关系，都可表示“佳肴”的含义。因为有了“馐”替代“羞”的功能，所以“羞”用作“害羞”的例子慢慢多起来了。

以上，我们探讨了“羞”字的本义，不过世上可口之味甚多，语言的表现手段也很丰富，远不是一个“羞”字所能道尽。除了“羞”之外，“膳”、“馔”、“肴”等字也都可表示“美味”

之义。

“膳”是个形声字，但依照汉字望文生义的习惯，“善”有“美好”的意义，“肉”加上“美好”，当然就是美食了。“馔”则指丰盛的食物。既然丰盛，当然可口了。至于“肴”字，也是形声字。《说文解字·肉部》的解释是：“肴，啖也。从肉，爻声。”因“肴”字形中显示吃的是肉，所以引申出“美食”之义。

喜爱吃肉，追求美食，是凡夫俗子的天性，甚至连孔子也不例外。孔子设帐收徒，学费标准是十条干肉。如此看来，享受美味是一件很开心的事。将精神享受看得比物质享受更重要，那是高人雅士的行为。《世说新语·任诞》篇叙述了这样一个故事：

王子猷借住朋友的空宅，入住之后，立刻让人在宅内种竹。有人问其故，王子猷指着竹子说：“何可一日无此君？”

竹是岁寒三友之一，既可象征坚贞高雅，又可美化周边环境。王子猷重视居处环境的优美，与今日的环保理念颇为吻合。苏轼将这种理念进一步发扬光大，其《于潜僧绿筠轩》说道：“宁可食无肉，不可居无竹。无肉令人瘦，无竹令人俗。人瘦尚可肥，人俗不可医。”苏诗说明人的精神情趣比口腹之欲更为重要，人如果仅知道追求口福，便会变得俗不可耐。因而文人雅士宁可不吃肉，也要在住处种满竹子。孔子虽然嗜好吃肉，但更注重精神享受。《论语 · 述而》篇："子在齐闻《韶》，三月不知肉味。"孔子听了《韶》乐，宛然余音绕梁，心旷神怡，居然三个月不知道肉的味道。这样看来，孔子在享受到精美的精神食粮之后，顿觉物质享受不足挂齿了。圣人境界委实高远，我等凡人品位有限，不可企及，愿与天下食客共勉，在尽情享受美味的同时，也要努力升华自己的精神境界。

（三）鸡黍情深见诚信

鸡与狗都是盘中美食，但地位却有天壤之别。俗语有言："无鸡不成宴。"再丰盛的酒宴，如果缺少了鸡，就显不出主人的诚意，留下重大缺憾，足见鸡的作用非同一般。反之，"狗肉不上席"。狗肉虽是大补之品，冬天食用尤佳，可以健身御寒，那飘溢的香气，弥漫空气之中，令人嘴馋，但终归登不了大雅之堂。只会在一些随意的场合，饕餮之徒乐之不疲，吆五喝六地享用一番。

中国社会重视人情，热情好客是几千年的传统。但凡来了客人，贫寒之家也是不敢怠慢，杀鸡款待，情谊殷切。据《论语 · 微子》记载，子路追随孔子周游列国时，有一次离了群，路遇一位持不同政见的老人。这位老人并没有"道不同，不相为谋"，而是挽留子路住宿，杀鸡作黄米饭招待他。陶渊明《桃花源记》讲到一武陵人，靠打鱼谋生，一日误入桃花源，桃花源中人初则大惊，后则欣然“设酒杀鸡作食”。孟浩然《过故人庄》诗写自己拜访朋友，也是“故人具鸡黍，邀我至田家”。客人来到，鸡不可少。这种习惯沿袭了两三千年，至今仍有遗风，鸡成了待客的标志性食物。

“鸡”的繁体字为“鷄”，是形声字，常见家禽之一。“黍”是一年生草本植物，去皮后就是黄米。《说文解字》段玉裁注认为：“黍可为酒，故从禾入于水也。”

现在的楷书已不同于古文字，但还可看得出一点轮廓。无论古今，一般百姓，经济能力有限，能够用黄米饭加上鸡来招待客人，已是十分殷勤周到。鸡的营养价值极高，口味出类拔萃。江西名菜“红烧叫鸡公”，强身健体补肾；“母鸡炖汤”鲜美无比，滋身润肺。二者均百吃不厌，美名远扬，营养口味绝不在所谓的熊掌、猴脑之下，后者不过是“物以稀为贵”，加之权贵、名人的追捧，因而身价百倍，其实不过徒有其名罢了，何况还违反国家动物保护政策。还是鸡简单实在，远超一些花里胡哨的名菜，且具有文化内涵。关于鸡黍待客，《后汉书·独行传·范式》讲述了这样一个感人肺腑的故事：

范式，字巨卿，是山阳金乡人。他外出求学时，与汝南张劭交情很好。学业结束后，两人各归故乡，依依不舍。范式对张劭说：“两年后我将回来，届时将顺便拜访您的父母，看看您的儿子。”两人约定了时间。两年后的一天，眼看约定时间快到了，张劭把这事告诉了母亲，请她准备饭菜等候。张母不以为然地说：“分别两年，千里迢迢。随便一句话，你怎么能当真呢?”张劭说：“巨卿是个讲信用的人，一定不会违约。”张母依言，准备了酒食待客。到了那一天，范式果然按时赶到。两人久别重逢，畅所欲言，尽欢而别。

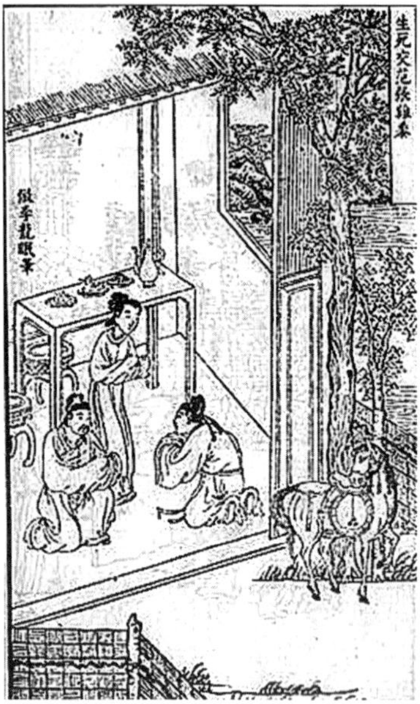

元杂剧《生死交范张鸡黍》图

《后汉书》虽并未明言张母是以鸡黍待客，但后人根据传统风俗大都这样理解，并用“范张鸡黍”来表示朋友之间的诚信与深情。元代宫天挺以此为本，写了杂剧《死生交范张鸡黍》，增添了一些情节，并将约会日子写明是九月十五，鸡黍待客也交代清楚了。冯梦龙所编《喻世明言》第十六卷《范巨卿鸡黍死生交》进一步推陈出新，写得更加惊心动魄，小说情节大致如下：

张劭、范式在旅店相遇，情投意合，结拜为兄弟，范年长为兄。半年后，范式思乡心切，两人饮酒话别，方知当日是重阳节。范式约定，第二年重阳节当登门拜访，张劭表示“当设鸡黍以待”。范张分别后，范式无奈生计所迫，琐事缠身，渐渐忘了此事，直到重阳节当日才突然想起，惜乎为时已晚。范式想到朋友在家殷切盼望自己，急得焦头烂额。但古代没有特快专列，更没有超音速飞机，范式又不是孙悟空，会翻筋斗云。眼看爽约不可避免，范式听说“魂能日行千里”，因而果断自杀，其灵魂穿越千里，在晚上赶到张家相会，并向张劭说明了真相。张劭不禁悲从心起，放声痛哭……

魂行千里自然是虚构，自杀践约也千万不可效仿，但“范张鸡黍”的故事千古流传，反映了古人视信誉如生命的美好情操。《论语·为政》指出：“人而无信，不知其可也。”诚信乃做人之本，“一言既出，驷马难追”历来是中国人的优良传统，鸡黍待客的故事就是最好的证明。它不仅体现了中国人热情好客的纯朴本性，而且表现了他们“一诺千金”的高尚风范，值得发扬光大！

（四）脍炙人口说腊味

在很久以前，我们的先祖就发明了腌渍技术，把暂时吃不完的食物进行处理，以免食物发霉变质，糟蹋宝贵的资源。先民的生活环境远不如今天，由于各种主客观条件的限制，人类在获取食物方面难以做到旱涝保收，经常处于饥饱不均的情境。食物不够，只好挨饿；食物多了吃不完，白白腐烂掉，未免太可惜。特别是在炎炎夏日，那可口的美食一夜之间就变酸变臭，实在是暴殄天物。环境促使人们思考对策，于是腌渍技术应运而生。在腌制过程中，一般是用盐、糖、酒等浸渍食品，把食品中的水分弄干，抑制微生物繁殖，从而利于食物防腐保存。腌制成的食品多半偏咸，别有风味，尤其适宜下饭。下面，我们以“腊”、“脯”、“脩”等字为例，来反映古人制作干肉的情况。

> “腊”指大块的干肉，读音为 xī。从肉，从昔，是个会意字。《说文解字·日部》：“昔，干肉也。从残肉。日以晞之，与俎同意。”许慎认为，“昔”与“俎”都具有肉的纹理，像肉的样子，“日”的作用是把肉晒干。今人多据甲骨文，不同意许慎的观点。甲骨文“昔”字的形体为“”，学界认为此乃洪水滔滔的样子，是远古特大水灾在文字中的反映。上述两说，仔细辨之，并不矛盾，干肉的纹理与波浪的起伏有类似之处，所以“昔”字应是本来表“洪水”之义，后来引申为“干肉”。

“腊”在古代是高级食品，等闲人家难以享用，然而世界之大，无奇不有。《金史·世宗纪下》披露了这样一件事情：“辽主闻民间乏食，谓何不食干腊?”百姓平常连饭食都吃不上，吃肉只能在梦里，而这个辽国皇帝高高在上，根本不谙世风民情，居然说“为什么不吃干肉?”真是无独有偶，他倒是晋惠帝的知音，两人应当惺惺相惜了。

“腊”还可作动词，表示“做成干肉”的意思。例如柳宗元《捕蛇者说》：“然得而腊之以为饵。”顺便提及，“腊月”、“腊味”的“腊”，古汉语本为“臘”字，今简化为“腊”。

“脯”指切成薄片的干肉。《说文解字·肉部》：“脯，干肉也。从肉，甫声。”《论语·乡党》：“沽酒市脯不食。”“沽”、“市”都是买的意思。孔子是说买来的酒、脯不卫生，所以不吃，可见老人家的嘴是很刁的。“脯”也可作动词，指把人做成干肉的残酷刑罚。《战国策·赵策三》：“鬼侯有子而好，故入之于纣。纣以为恶，醢（hǎi）鬼侯。鄂侯争之急，辨之疾，故脯鄂侯。”

原文大意是：鬼侯有个女儿很漂亮，因而把她献给了纣王。纣王认为她长得丑，就把鬼侯处以剁成肉块的酷刑。鄂侯为鬼侯急切地辩护，纣王又把鄂侯处以做成肉干的酷刑。

“脩”是条形的干肉。《说文解字·肉部》：“脩，脯也。从肉，攸声。”“脩”与“脯”的区别是：“脩”

是条形，块头较大，可捆起来；脯是片形，又薄又小。“束脩”是捆好的十条干肉。

古人十五岁入学，必须送一捆干肉给老师，算是交学费。孔子设帐收徒也是如此。久而久之，“束脩”成了薪水的代名词。

“脩”可通“修”，表示“长”的意思。在这个意思上，“脩”、“修”经过竞争，“修”字淘汰了“脩”。

古人制作腊味，主要有晒干、风干、烤干等手段，晒干者口味尤佳。《左传 · 文公七年》中，贾季把赵衰比作冬日，把赵盾比作夏日。杜预注解说：“冬日可爱，夏日可畏。”冬天的太阳确实可爱极了，给万物以温暖，给腊味以浓香。隆冬北风凛冽之际，腊味如果经过霜打，沐浴了充足的阳光，则味道纯正，香气飘逸，吃毕满口余香，令人回味。相比之下，现如今的一些腊肉香肠，商家大批量生产，顾不得精雕细琢，质量有所下降。即使是那些响当当的名闻九州的品牌，也是盛名之下，其实难副。同自家手工腌制的腊味相比，相差十万八千里。

腊肉

干牛肉

猪肉脯

（五）酱味飘香传四方

除了将肉制成腊味之外，古人还发明了做酱肉的技术。前文提到，制作腊肉须挤干肉中的水分，使之成为干肉。酱制肉类则有所不同，《齐民要术·作酱法》对此介绍比较详细，其大致过程是：

割下新鲜的好肉，剔去肥肉，切成细块。一斗肉配五升曲粉、两升半白盐、一升麦曲。曲和麦曲要晒干，捣碎后混合拌匀，放进瓮中，然后用泥把瓮口封住，暴晒十四天，再开瓮查看。如有浓液渗出，并且闻起来没有曲味，就大功告成了。

如今人们制作酱肉，与古人不尽相同，但大同小异。一般是把肉类剁成块，用酱油浸起来，调以五香粉、甜面酱、曲酒、炒盐等其他作料，再去暴晒若干天。酱肉晒干后，又要对它涂刷各类调料，再次晒干，就大功告成了。

酱肉经过如此工序，浑身渗透了酱的气味，这种酱味与肉香味融合在一起，形成了别具一格的酱香味。它富于个性，与众不同。其特点是香气幽雅但不刺激，虽然初闻起来并非特别悦人，但习惯之后，顿觉格外舒适，且香气缭绕，长久不散，令人遐想联翩。据《论语 · 乡党》篇记载，孔子特别喜欢酱味，他“不得其酱，不食”。酱成了孔子不可或缺的调味品，甚至到了无酱不吃饭的程度。话说回来，用酱调过的食品确实与众不同，那浓郁的酱香刺激人的食欲，使人陶醉在诱人的美食中。

酱肉，古人称之为“醢”。

> 《说文解字 · 酉部》：“醢，肉酱也。从酉、𥁕（yòu）。”据此，“醢”是会意字，指肉、鱼等制成的小块肉。“酉”是坛子，“𥁕”是小盆子，都是盛器。有学者认为“醢”是形声字，则“𥁕”表声，“酉”则用来盛肉。

孔子很爱吃酱肉，平时精心收藏。《左传 · 哀公十五年》记载了这样一件事：孔子学生子路在卫国孔悝（kuī）之难中，挺身而出，试图阻止叛乱，最终寡不敌众，在战斗中被人剁成肉块。子路临终前遵守孔子教诲，扶正了帽子从容而死。孔子听说子路殉难的消息后，悲痛异常。因伤心过度，孔子令家人把家中所藏之“醢”扔掉，以免联想到子路的悲惨结局。典故“覆醢之痛”说的就是这件事。

除了肉类可腌渍之外，菜类也可腌渍，这种方法古人称为

“菹（zū）”。

《说文解字·草部》：“菹，酢菜也。”“菹”是腌制食物的方法，《说文解字》中是指腌制酸菜，同理，腌制咸菜也叫“菹”。

今天，各类用酱或酱油腌制的咸菜统称为酱菜。它们的共同点是咸，刺激口味，特别能下饭，但油水不足，营养价值不高，吃多了心发慌，只能偶尔食之。旧时，一些人家经济拮据，为节省成本，养成了吃酸菜、咸菜的习惯。久之，习惯成自然，形成了依赖心理，生活改善之后，仍然离不开它们，否则顿感米饭难以下咽。其实，在经济条件良好的状况下，各类酸菜、咸菜只能充当配角，不宜喧宾夺主。

黄金贵师《古代文化词义集类辨考·饮食》指出：“‘菹醢’本是加工、储存食物之法，却常常用于刑罚，以至成了比食物更常见的刑罚专用词。”事实确实如此，古今不少学子，是从令人毛发悚然的刑法中认识“菹醢”的。尤其是先秦两汉时期，这种刑罚比较流行。屈原《涉江》诗：“伍子逢殃兮，比干菹醢。”大意是“伍子胥遭了殃啊，比干被剁成肉块”！伍子胥是春秋吴国大臣，被吴王夫差逼迫自杀。比干是商朝三贤之一，被纣王挖出心肝，遭到“菹醢”之刑。

《古代文化词义集类辨考·饮食》说道：“‘菹、醢’等作为加工、储存食物和刑罚之称，主要用于南北朝之前。南北朝之后，其称名渐废。”几千年来，历史艰难地前进。“菹醢”作为酷刑早已成了历史遗迹，进了博物馆；作为腌渍名称也不再使用，而有了其他新的说法。不过，酱制技术沿袭至今，且不断推陈出新。究其因，酱味迎合了大众口味。酱香具有特殊的风味，初闻虽非特别出奇，但习惯之后顿觉峰回路转，引人入胜。名酒茅台作为酱香型酒的代表，就是以那独有的气味倾倒不少饮客，成就了它的辉煌业绩。

酱肉

酱菜

（六）不可缺少的下饭——从“餸”字说起

食物是维持生存最起码的需求，人类一天也离不开它。

在《说文解字注》中，段玉裁对“食”的解释是：“亼（jí）米也……亼，集也。集众米而成食也。”原来

“食”是会意字，“亼”是“集”的古字。“食”的甲骨文为“”，或作“”，字的下面是个高脚盘，上面表示集众米的意思。整个字的寓意就是粮食盛在盘子里，香气缭绕四周。

米饭虽然香，却只能起到果腹的作用。要想吃得有滋有味，还得有下饭的菜。尤其对小孩来说，吃饭好像是苦差事，非得有大量的菜不可。罗常培在《语言与文化·从造词心理看民族的文化程度》中指出：云南福贡的栗粟族把下饭的菜叫做“诱饭”。非常传神地点明了菜的功能。广州话把“菜”叫做“餸”（sòng），与之有异曲同工之妙，精妙绝伦，很朴实地说明了菜肴的根本作用。

“餸”指下饭之菜，是个会意兼形声字。“食”是形旁，表明此字与“吃”有关，“送”是声旁兼表意。送者，送饭下肚也。没有它，白饭是难以下咽的。

“餸”是个方言字，历史不算久远，如今流行于岭南一带。《汉语大字典》引用了茅盾《脱险杂记》的一个例子：“白饭虽有了，‘餸’却没有。”《汉语大词典》援引了另两个书证，也都来自茅盾的作品，这说明吴方言区也用此字。下饭的菜肴品类众多，大而言之，有荤素两类。细而分之，荤素又各可分成许多小类。荤类在以上章节有所涉及，在此我们着重介绍几种有代表性的蔬菜，下面就先从“菜”字说起吧。

《说文解字·草部》：“菜，草之可食者。从草，采声。”段玉裁注：“此举形声包会意，古多以采为菜。”根据《说文解字》的定义，“菜”是形声字，指可以食用的植物，多为野菜，不包括荤食，段玉裁则认为“菜”是形声兼会意字，“采”既表声，又表意，这就要分析“采”字的构形了。《说文解字·木部》：“采，捋取也。从木，从爪。”“采”是会意字，甲骨文为“”或作“”，像人手在树上采摘果子。后来字形演变成小篆，形体为“”。“采”字已经只见树木，不见果实，树上的手虽隐约可识，但也已变形。明确了“采”的造字理据，我们就明白“菜”多指野菜的原因了。

上古“菜”类中，“葵”、“藿”较为有名。

《说文解字·草部》：“葵，菜也。从草，癸声。”“葵”即葵菜，又名“冬葵”、“冬寒菜”、“冬苋菜”，根叶皆可食用，叶子嫩滑，咬起来口感舒适，滋味尤为甘美。葵菜性耐寒，经霜后味道更佳。

元王祯《农书》卷八指出：“葵为百菜之主，备四时之馔，本丰而耐旱，味甘而无毒。”《辽史·张俭传》记载：“进葵羹干饭，帝食之美。”对于吃惯了山珍海味的皇帝来说，偶尔吃一吃葵菜，顿时觉得鲜美异常。

“藿”是豆叶。《广雅·释草》：“豆角谓之荚，其叶谓之藿。”

“藿”的滋味尚可，但远不如“葵”，上层社会对之不无鄙夷之意。《说苑·善说》提到“肉食者已虑之矣，藿食者尚无与焉”。在此，“藿食者”已沦为穷苦百姓的代称了。

总而言之，“菜”在古代饮食中地位不高，尤其是上古，栽培技艺与现在不可同日而语。菜的种类有限，可食的野菜不过几十种而已，且登不了大雅之堂。富贵人家饮食以肉类为主，菜类至多是偶尔尝尝鲜，充当配角。人长期吃菜，难得吃荤，对健康不利，脸色也很不好看，因而古人称之为“菜色”。“菜”的这种先天缺陷在语言中留下了痕迹，“吃素”表示“窝囊”或“没能耐”，而“开荤”则表示“经历了新奇的事情，长了见识”。至于“藿食者”与“肉食者”的社会地位，可谓一个在地下，一个在天上。“菜”字后来泛指菜肴，包括肉类，已是南北朝时期的事了，这种用法沿袭至今。

俗话说：风水轮流转，明年到我家。几千年过去了，沧海桑

葵菜

豆角叶

田，“菜”的地位也发生了很大变化。一方面，“菜”与“财”读音很相近，在全民拼经济的年代很吃香。赵公明的信徒们，每逢良辰佳日，总喜欢将几棵白菜之类挂在门上，表示招财进门的意思。另一方面，如今的栽培技艺远胜于古，蔬菜种类多如牛毛，加之营养丰富，维生素、纤维素、淀粉等营养物质的含量都很高，有利于人体健康。反观肉类，相对而言，则没那么时髦了，虽然香喷喷、口味好，但如今的成年人高血脂、高胆固醇、高尿酸、高血压司空见惯，这些都是营养过剩惹的祸。现实逼迫一些人忍痛割爱，对肉类避而远之。看来为了健康长寿，人们应当提倡新的饮食理念，适当控制吃肉的欲望。笔者在此胡诌一句顺口溜：“多吃素，少吃肉，健康又长寿；多吃肉，少吃素，总有一天要受苦。”

（七）国色天香说豆腐

在素菜的百花园中，豆腐以它清秀的姿貌、清纯的口味、丰富的营养占有一席重要的位置。说起豆腐，它可是地地道道的国粹，是我们祖宗的杰出发明，是中国对世界饮食文化的卓越贡献。那一粒粒不起眼的小黄豆，看起来其貌不扬，然而经过特定的制造工序，居然脱胎换骨，焕然一新，变成了白白嫩嫩、四四方方的晶莹透明的东西，简直就是丑小鸭变成了白天鹅。

学界一般认为：豆腐为西汉淮南王刘安发明。这种说法已为出土文物所证实。但奇怪的是，豆腐这一名称始见于宋代，《汉语大词典》仅引陆游《老学庵笔记》的用例作为书证，未免姗姗来迟。个中原委，黄金贵师《古代文化词语考论·饮食园圃中的国色天香——豆腐》一文推断：应是“腐”的名声不佳，与它沾边的都不是好东西，因而人们刻意回避“腐”这个字眼，借用“酪”、“浆”等字来指称豆腐。

在“豆”蜕变的过程中，有一道工序很重要，那就是人工的磨。人皆知：梅花香自苦寒来。同理，豆腐美自苦磨来。豆子要变成豆腐，首先得粉身碎骨，浴水重生。做豆腐时，人们将淋水的黄豆放进沉重的磨盘，然后不停地推着磨，一圈又一圈，片刻不间断。时间一长，便是个十足的苦力活，非亲身体验者难知其苦。常言道：“世上活儿三样苦，撑船打铁磨豆腐。”这话说出了磨豆腐的艰辛：它不仅费力，而且单调，但却不容丝毫偷懒，否则就功亏一篑了。

在五彩缤纷的百花丛中，牡丹因为她天外奇香，花国绝色，所以获得了百花之王的美称。而在素菜王国中，豆腐称得上是国色天香，美名远扬。无论外表、口味还是营养价值，它都有口皆碑。因为这些优点，从古至今，豆腐历来是雅俗共赏，老少咸宜。上至帝王将相，下至贩夫走卒，大都爱好这一口白花花的东西。近代以来，西风东渐，中国接受了西方许多先进文化，西方也接受了我们的一些国粹，世界文明相互融合成为潮流。它浩浩荡荡，势不可挡，而豆腐在一定程度上扮演了东方文明的使者。早在唐代，豆腐就随着鉴真和尚东渡扶桑，孕育出别有风味的日本豆腐；在近现代，它随着华夏子民登陆欧美大地，受到金发碧眼人士的青睐。时至今日，豆腐这平凡的东西，因为味道鲜美，符合绿色食品的理念，所以风靡五洲四海，迎来赞声一片。

豆腐

豆腐还有一个好处，就是价格便宜。然而，也许正因为它便宜，便有人忽视了它的价值。世人心理往往如此，容易到手的东西便不大珍惜。鲁迅小说《故乡》中的村民，称刁蛮的杨二嫂为“豆腐西施”，含有讽刺的口气。西施本是女人中的绝色，而豆腐则是素菜中的极品，怎么二者一牵手，就成了反讽呢？此无他，无非西施高贵，可望而不可即；而豆腐廉价，容易到手而已。二者反差极大，构成了讽刺的喜剧效果。

豆腐虽然好吃，但有时吃不得，如俗语说：“心急吃不得热豆腐。”豆腐含酸性物质较多，因而尿酸偏高者不宜多吃。圈内人士皆知，“吃豆腐”还是个惯用语，比喻男子占女性的便宜，这种“豆腐”就更加吃不得了。

（八）拔掉丝瓜种韭菜

韭菜是个好东西，是经常与人们打交道的蔬菜。它那细长的身材迎风招展，惹人喜爱。

> 从字形上分析，“韭”的小篆为“韭”，是象形字，下面的“一”象征土地，上面的“非”像韭菜细而扁的样子。《说文解字·韭部》：“韭，菜名。一种而久者，故谓之韭。象形，在一之上。一，地也。”

韭菜生命力顽强，叶、花、茎皆可食用，滋味清香耐嚼，越嚼越有味，而且具有祛阴散寒、强身补肾的功能。冯梦龙编辑的《笑府·闺风部·丝瓜》讲了这样一个笑话，故事情节大致如下：

某家男主人正在厅堂款待客人，客人无意间说起丝瓜会痿阳，韭菜可壮阳。女主人听说后就突然消失了。过了不久，主人叫她拿酒却不见妻子踪影，急得问儿子："你娘哪去了?"儿子说："娘去菜园里了。"老爹说："干什么去了?"儿子说："拔掉丝瓜种韭菜。"

"拔掉丝瓜种韭菜"虽然似乎有点急功近利，让人忍俊不禁，但它真实反映了人内心深处一些隐秘的想法，同时准确点明了韭菜的特殊功能。韭菜不仅含有大量的粗纤维，能够刺激食欲，助人消化，而且味道鲜美，具有很好的药用价值。

韭菜一年四季都出产，春冬产者为佳，夏秋产者稍次。夏秋出产的韭菜，质地相对粗糙，吃起来有点"涩"的味道，给人"老"了的感觉。民间俗语说："春食则香，夏食则臭。"此话虽抓住了韭菜的时令特点，但却有点言过其实，韭菜变老非短时间完成，俗语所言，仅供参考。

人们常说：温室里的花朵经不起风吹雨打。可谁知温室里培育出的韭菜却卓尔不凡，甚至超过地里野生野长的韭菜。这种韭菜叫作韭黄，它采用培土、覆盖等遮光方法培植，多于冬春两季上市，夏秋也有。韭黄味道美极了，超过一般韭菜，深受世人青睐。《本草纲目 · 菜部 · 韭》曾如此描述韭黄："其叶黄嫩，谓之韭黄，豪贵皆珍之。"韭黄能受到富豪这般追捧，说明它确实是素菜中的珍品。

奇怪的是，韭黄生长于阴暗潮湿的环境，却长得色泽鲜嫩，楚楚动人，人见人爱，特别是那一身淡黄，让人浮想联翩。中国古代帝王身穿黄色龙袍，所以自古以来，黄色就是最为尊贵的颜色。五代后周时期，赵匡胤在陈桥黄袍加身，发动政变，兵不血刃建立大宋王朝，历来被史家所乐道。广州话“黄”、“王”不分，因而岭南一带的某些菜市场，韭黄常写作“韭王”。王者，同类中出类拔萃者。韭菜在素菜中与众不同，韭黄又是韭菜中的佼佼者，称得上素菜之王了。“韭王”的说法，倒是歪打正着，说出了韭黄的特点。

说完韭菜，顺便提及与韭菜形状相似的“葱”与“蒜”。葱、蒜种类较多，如葱有大葱、细香葱；蒜有大蒜、小蒜等。《说文解字·草部》说：“蒜，荤菜。从草，蒜声。”《玉篇·草部》也说：“葱，荤菜也。”这两部字典所说的“荤”不是指肉类，而是指葱、蒜这类气味浓重的菜。葱、蒜的强刺激气味有人爱，有人嫌，这倒应了“萝卜青菜，各有所爱”的老话。因为气味太重，葱、蒜不适宜作主菜，而作为调味品却非常合适。葱形体细小，价格便宜，今主要充当配料，因而暗含微不足道之意。“你是哪根葱”是一句刻薄的话，极言对人的鄙夷，字里行间充溢着不屑一顾的感觉。蒜的口味似胜过葱，用来炒菜口味很不错。北方人爱吃生蒜头，味道不一般。吃法是用点酱油、辣子等作料，将蒜头浸在其中，各种味道糅合在一起，从而激活人的食欲，使味觉神经处于亢奋状态，吃起来津津有味。只是满口蒜气，吃者有味，闻者就未必是福了。

韭黄

丝瓜

（九）此味只应天上有，人间能得几回吃——说“茄”

“茄”字本义指荷茎，读音为 jiā。《说文解字 · 草部》：“茄，芙蕖茎。从草，加声。”后来，“茄”发展出今天的常用义，即茄子，读音为 qié。茄子内含维生素、蛋白质、糖分等有利于人体的物质，是一种价廉物美的蔬菜。

从外形看，茄子生就一副长圆形的身躯，颜色一般为紫色，偶尔也有白色或浅绿色，表皮闪闪发光。

中国烹调之道，历来注重作料和加工，因而菜肴口味出色，例如杭州名菜“醉虾”，调料众多精致，做工考究细腻，备受食客喜爱。然而山外有山，天外有天。“醉虾”若与《红楼梦》中贾府的茄子相比，又是小巫见大巫了。据书中第四十一回描写，贾府吃的茄子，作料昂贵奢侈，做工极尽其巧，味道美得让人拍案叫绝！真正称得上“此味只应天上有，人间能得几回吃”？难怪刘姥姥吃后，压根儿不信这是茄子，她笑着说：“别哄我了，茄子跑出这个味儿来了！我们也不用种粮食，只种茄子了。”

刘姥姥是农家出身，茄子不知道吃过多少回，之所以吃不出贾府中茄子的滋味，是因为这茄子已经博采众珍，旧貌变新颜了。贾府中烹制的茄子，有个特殊名称，叫作“茄鲞（xiǎng）”。“鲞”本是腊鱼的意思。贾府中的茄子美妙无比，味道赛过了鱼肉，且便于贮存，不易变质，所以称为“茄鲞”。“茄鲞”是怎样做出来的呢？凤姐是这样传授经验的：把新鲜茄子的皮去了，“只要净肉，切成碎钉子，用鸡油炸了，再用鸡脯子肉并香菌、新笋、蘑菇、五香腐干、各色干果子，俱切成钉子，用鸡汤煨干，将香油一收，外加糟油一拌，盛在瓷罐子里封严，要吃时拿出来，用炒的鸡爪一拌就是”。凤姐说得倒是轻巧，普通百姓可吓了一大跳，难怪刘姥姥听了，吓得摇头吐舌地说：“我的佛祖！倒得十来只鸡来配他，怪道这个味儿！”

贾府烹调茄子的方法当然不可仿效，但却准确把握了茄子的特点，值得借鉴。古语说：海纳百川，有容则大。弥勒佛，俗称大肚罗汉，整天笑嘻嘻的，活得特开心，就是能容人间百事，因而心胸开阔天地宽。茄子善吸收，能容纳百味，所以成就了其特殊的美味。按常情来说，茄子本身味道并不出奇，它为何能有如此美味？无他，善于兼容并包，取他物之长而已，这充分体现了中国烹饪长于调味的特点。例如川菜“鱼香茄子”，以茄子唱主角，用葱、蒜、糖、盐、醋、辣椒、鱼片、肉丝、酱油等充当配角，主角配角和谐相处，融为一体，茄子吸取了这些配料的滋味，变得酸甜香辣咸样样具备，不由人不喜欢。

茄子的包容性启人深思，世上万事万物无不如此。武术中的太极拳借力打力，就是善于借助他人的力量，从而把他人之力化为己有。掌握了这种窍门，一个柔弱的小姑娘就能四两拨千斤，战胜一个雄赳赳的大力士。金庸小说《笑傲江湖》中的任我行，他精通一门奇特的武功——吸星大法，这种功法能把他人修炼多年的功力吸到自己体内，使自己顷刻之间内力大增，从而屡战屡胜。吸星大法诚然是文艺作品的虚构，但我们由此联想开去，所谓“他山之石，可以攻玉”。一个人为人处世，如能吸取众人之长，不就可以如虎添翼，一展雄姿吗？

茄子

鱼香茄子

（十）蒌蒿满地芦芽短，正是河豚欲上时——说“笋”

苏轼生性豁达，才华出众，同时还是一个著名的美食家，他创制的“东坡肉”、“东坡羹”脍炙人口，至今仍然流行于浙江、江苏一带。苏轼的饮食感觉特别敏锐，如他的题画诗《惠崇春江晚景》：“蒌蒿满地芦芽短，正是河豚欲上时。”两句诗不过十四字，却寓情于景，活灵活现展示了一幅荤素兼备的美食图。河豚是海味珍品，味道极其鲜美，民间甚至有“舍命吃河豚”的说法，因为河豚身上含有剧毒，如果没洗涤干净，食其肉有生命危险。饶是如此，吃河豚者仍是争先恐后，美食竟是如此诱人。“蒌蒿”、“芦芽”皆可食用，味道不赖，又都是河豚喜爱吃的东西。王士祯《渔洋诗话》卷中说：“河豚食蒿芦则肥。”肥河豚滋味当然更加鲜美，让人神往。苏轼的美食感觉果然不同凡响。“河豚”就此打住，下面姑且从“笋”说起。

“笋”曾写作“筍”，两者是异体字，现在“笋”字通行。《说文解字·竹部》：“筍，竹胎也。从竹，旬声。”

严格来说，“笋”一般指竹笋，不过在平时，百姓习惯上将芦笋、莴笋也看作笋。它们都是素菜中的珍品，味道鲜美，可与肉类相提并论，所以一并谈之。

竹笋是竹子的嫩芽，按照出产季节，笋可分为“冬笋”、“春笋”。竹笋肉质柔嫩，咬起来柔中带脆，有一种舒适感。整体而言，古人推重肉食，但对素菜的认识也在逐步改进。例如唐人认识到笋的价值，李商隐《初食笋呈座中》诗曰：“嫩箨香苞初出林，於陵论价重如金。皇都陆海应无数，忍剪凌云一寸心。”诗中说“笋”价格如金当然是夸张，但客观上说明了它非常走俏，市场价值犹如众星捧月，节节升高。

宋代市民文化发达，享乐气氛浓郁。正如林升《题临安邸》所言：“山外青山楼外楼，西湖歌舞几时休？暖风熏得游人醉，直把杭州作汴州！”汴州、杭州薪火相承，讲究玩乐，饮食业自然非常发达。相比唐人，宋人更为推重竹笋，例如苏轼《初到黄州》诗：“长江绕郭知鱼美，好竹连山觉笋香。”苏轼一到黄州，就为竹笋所倾倒，诗中鲜鱼香笋并称，足见他对笋的推崇。苏轼之后，黄庭坚作有《食笋十韵》，高僧赞宁作有《笋谱》，进一步提高了笋的食用地位。

竹笋是素菜中的翘楚，口味脆嫩，深受世人喜爱；猪肉味道香美，烧法灵活多变，长期是肉类大哥。二者结合起来，岂非锦上添花！“竹笋炒肉”就是这种创意的结晶，它是一道非常有名的家常菜。鲜美的竹笋沾了一点肉味，更加香醇诱人；而喷香的猪肉沾了一点竹笋味，愈发清爽可口。“竹笋炒肉”比起诸如

“龙虎斗”、“蟠龙菜”这样夺人眼球的名菜，实在是有过之而无不及。江西方言戏称小孩挨家长竹篾教训为“吃竹笋炒肉”。它用食用至美的佳肴来形容遭受剧烈的皮肉之痛，对比十分鲜明，反差极大，构成诙谐的讽刺效果。

在“笋”这个大家族中，习惯上还包括芦笋与莴笋。上面说完了竹笋，下面再简单说说芦笋与莴笋。芦笋状似竹笋而稍小，味道鲜嫩，可与竹笋相媲美。它才是苏轼诗歌咏赞的对象“芦芽”，连河豚也挡不住它的诱惑，真是人鱼共喜，所食略同。莴笋是茎用莴苣的通称，形状似笋，所以叫“莴笋”，滋味可与竹笋相比。叶用莴苣江西吉安方言叫“莴麻”，味道也不错，“莴麻炒鳝鱼”是江西著名的家常菜。简言之，芦笋、莴笋外形与笋相似，口味旗鼓相当，难分上下。竹笋多出于山，莴笋出于田，芦笋出于水。三者生长环境不同，但最终殊途同归，成为人类的盘中美食。

竹笋

竹笋炒肉

芦笋

莴笋

（十一）污泥其外，白玉其中——说“藕”

宋代理学家周敦颐崇尚莲花，他写的《爱莲说》对莲花进行了衷心礼赞。文中“出淤泥而不染，濯清涟而不妖”一句，惟妙惟肖地刻画了莲花洁身自爱，绝不同流合污的高尚情操，引起传统士人广泛共鸣。如今一说起“莲”，大家也许会立刻想到莲花，进而赞美它的卓越品质。其实，“莲”包括“莲花”、“莲子”、“莲藕”三个部分，下面依次介绍。

“莲”浑身都是宝，每个部分都各有奥妙。莲花美貌纯洁，还可象征君子人格，历来受人称赞。莲子芬芳可口，还是宝贵的中药材。

藕

《说文解字·草部》：“莲，芙蕖之实也。从草，连声。”看来，这才是莲的本义。“莲子”还可谐音“怜子”，即“爱你”的意思。古代民歌经常借它来抒发心中情意，例如南朝民歌《西洲曲》：“低头弄莲子，莲子青如水。置莲怀袖中，莲心彻底红。”诗中“青”谐音“清”，“青如水”比喻爱情的纯洁；“莲心”谐音“怜心”，即“怜爱之心”，“彻底红”形容感情非常深厚。“莲”的地下茎就是本文要说的“藕”，它是一种深受百姓喜爱的素菜。

鹌鹑莲藕汤

藕也叫莲藕，其字形结构简单，上形下声，不需多言。但藕的实物构造就复杂多了，它外形较长，肥大有节，节节相连，别有特点。藕的表皮略带浅黄色，内质洁白如玉，中间有许多管状的小孔，折断处有丝隐约相连。藕是很营养的食品，它含淀粉丰富，吃起来清甜香脆，“莲藕炒鸡丁”、“鹌鹑莲藕汤”都是利身养颜的滋补佳品。莲藕清炒滋味也不错，还可以生吃。中秋赏月，用切好的生莲藕拌上些许白糖，真是甜上加甜，锦上添花，颇有一番情致。用莲藕制成的藕粉也是男女老少都喜欢的食品，其中杭州“西湖藕粉”价廉物美，远近闻名，是很有特色的小吃。闲暇之时，各位不妨试试，将藕粉倒入碗中，加上适量的开水，过一会儿，二者就融合在一起，面貌焕然一新。刚才碗中的粉状物，已然摇身一变，成了晶莹透明的块状物，那清甜嫩滑的滋味令人爽快至极。

同莲子一样，莲藕也经常用来表现男女之间的感情纠葛，如成语“藕断丝连”，生动形象。这个成语本于唐孟郊《去妇》诗：“妾心藕中丝，虽断犹牵连。”诗句刻画了一个纯情少妇的形象，她虽遭遗弃，却情意缱绻，无法与丈夫一刀两断。

> 在诗歌中，“丝”经常谐音“思”，表示思念的意思。例如唐李商隐《无题》诗中的名句：“春蚕到死丝方尽，蜡炬成灰泪始干。”

“藕”长于污泥之中，沾染一身泥，内质却洁如白玉，这是它的闪光点。笔者当初在中学任教时，曾经讲授过刘基所作《卖柑者言》。这是一篇著名的寓言式散文，文中“我”买到的柑子外表金光灿烂，剖开一看，一种破棉絮的臭味直冲鼻子，真是中看不中吃。文章尖锐地揭露了社会上“金玉其外，败絮其中”的黑暗现象，批判了朝廷官员弄虚作假，醉生梦死的丑陋本质。“藕”却恰恰相反，它是“污泥其外，白玉其中”，这是一种难能可贵的精神品质。

所幸的是，人们没有因藕表皮的污泥而唾弃它，而是充分利用了其各方面的价值。“藕”的经历告诉我们，表里一致当然好，但内容毕竟重于形式。有鉴于此，我们面临色彩斑斓的世界，应该炼就一双火眼金睛，这样就能透过现象看本质，而不会被形形色色的“绣花枕头”所迷惑。

三、副食篇（中）

（一）调和五味说吃“醋”

烹调是一门高深奥妙的技艺，一些很普通的家常菜，在名厨的手中调理一番，顿觉美味无比。看来要想征服人的嘴巴，没有几招看家本领是不行的。然而众口难调，有道是酸甜苦辣咸，各有各的味感；蒸煮煎炸炒，各有各的绝招。烹制出来的食物，怎样才能博取东南西北百姓的一致欢心呢？虽说是条条道路通罗马，但万变不离其宗，人们如想烧出一手好菜，各种作料不可或缺，而油盐酱醋之类的调味品更是少不了。在这些常见的调味品中，醋具有独特的风味，为不少食客所喜爱。尤其是江浙、山西人，嗜好吃醋。说起醋中翘楚，江苏镇江醋和山西老陈醋当之无愧。毫无夸张地说，在不少江浙、山西人的心目中，“调味佳品首推醋”。离开了“醋”，许多佳肴便会黯然失色，例如杭州名菜“西湖醋鱼”、“糖醋排骨”等。“醋”究竟由什么东西构成？有些什么特质？这就要分析“醋”字的结构了。

“醋”，古代又叫做“醯（xī）”，《说文解字》作“酢（cù）”。通观三者，皆以“酉”为形旁，由此可见，古人本来就把“醋”视为酒之类的东西。“醋”本是个形声字，“酉”是酒坛子的形象，“昔”只表音，不表意，但人们根据汉字的特点，望文生义，将“昔”拆做“二十一日”，并编造了杜康造醋的故事。

故事大意讲杜康在造酒过程中，用清纯的水浸泡酒糟，酒糟在坛子里逐渐发酵。二十一天后，杜康打开酒坛子，尝了尝坛里的酒水，顿觉一股又酸又甜又香的滋味直透心田。杜康觉得这酒水的味道很好，随即灵机一动：这酒水在“酉”里待了二十一天，合起来不就是“醋”字吗？于是名之为“醋”。从此，这酸溜溜的玩意就正式诞生了，成了许多人家不可或缺的宝贝。对这个有趣的故事，仔细辨析，当然只是一个美丽的传说，诸君姑妄听之，切莫信以为真。

西方谚语说：“狐狸吃不到葡萄，就说葡萄是酸的。”男女之间的感情与这有点相同，当男女一方得不到另一方的青睐时，尽管心里喜欢得不得了，暗地里却恨得牙痒痒的，嘴巴上不时还会说一些不恭的刻薄话，给人一种酸溜溜的感觉。这种滋味与“醋”的酸味很相似，这就为情场失意与吃醋的联系搭上了桥梁。根据钱钟书的通感理论，人的视觉、味觉、嗅觉、听觉、触觉等感觉可以相互贯通。男女交往中，有时难免落花有情，流水无意。有情的一方没得到回报，难免心生怨恨，但又解脱不了，觉得对方实在可爱，还抱着些许幻想，留着一些甜蜜的记忆，以致爱恨忧妒等复杂情绪交织在一起，活像吃醋的感觉。有鉴于此，人们把男女之间的嫉妒恼恨之情称为“吃醋”，这是该词产生的内在原因。除此之外，细考其源，《隋唐嘉话》讲述的一个故事也起了一定的作用。

据《隋唐嘉话》卷中记叙，李世民念房玄龄劳苦功高，打算赏赐房玄龄一些美女，房玄龄以惧内为由婉辞不受。李世民愤愤不平，决定为房玄龄出头。一日，李世民命令皇后将房玄龄妻召来，要她同意房玄龄纳妾，否则死路一条。李世民声色俱厉，当着众人之面，将一杯酒放在房玄龄妻面前，谎称是“鸩”（zhèn，一种含有剧毒的酒），并扬言如果房玄龄妻不允许丈夫纳妾，就必须立刻服下“毒酒”。面临生死抉择，房玄龄妻竟然毫不犹豫，她气冲冲接过酒杯，一口气将“毒酒”喝个精光，惊得李世民目瞪口呆地说：“这样的女人，连我也怕呀，更何况房玄龄了！”经过这番闹腾，房玄龄吓了个半死，他纵有贼心，也不敢有贼胆了，于是彻底断绝了纳妾的念头。

如上所述，房玄龄妻喝的是酒，不是毒，也不是醋，但后人转述此事时，这酒被说成是一种酸酸的东西，自然就是醋之类了。如上所言，“醋”字从“酉”，古人视为酒类，后人将酒附会为“醋”，情理上也说得通。

在饮食中，“醋”不愧是上佳的调味品。人们多吃醋，既饱尝了口福，又有利于养生美容，何乐而不为呢？至于夫妻之间、恋人之间，还是应相互关心、相互信任，“执子之手，与子偕老”。否则，打翻了醋坛子，日子就不好过了。

醋

西湖醋鱼

（二）煎炒爆炸“油”为主

俗话说得好，开门七件事：柴米油盐酱醋茶。柴是燃料，米是主食，茶是饮料，这里姑且不说。在“油盐酱醋”这些配料中，油排在第一，其重要性由此可见。毫不夸张地说，在各式烹饪活动中，油扮演着不可或缺的重要角色。笔者胡诌一顺口溜：“煎炒爆炸烧，油水唱主角；炖焖熬蒸烙，油水少不了。”诸君不信，请看看这些烹调方式的进行过程。

“煎”是在锅里放上一些油，加热后放进食物，适时把握火候，翻动食物。

“炒”是把食物放进沸热的油里，不停地用勺子翻动，使食物变熟。

“爆”是用沸腾的油快速煮熟食品，其特点是火特别大，速战速决。

“炸”是把食物放进沸热的油里，适时翻动，使它变熟。

“烧”是将食物放进沸热的油里，放上适量的水，慢慢煮熟食物。

上述五种烹调手法，“油”都是充当主角，风光无限，发挥了重要的作用。离开了油，食品恐怕就要变焦变黑了。五种烹饪法式，其中“炒”是中国烹饪最常用的手段。它还冲出了自身的领域，进入到一个广阔天地。万事万物皆可“炒”，诸如“炒股”、“炒房”、“炒汇”、“炒黄金”、“炒号码”、“炒名气”等。普通话把“重复唠叨说过的话或做过的事”叫做“炒冷饭”，广州话把“赚外快”叫做“炒更”，“解雇人”叫做“炒鱿鱼”。从以上用例可知，“炒”字意义灵活，现身频繁，影响非常广泛。

其他诸如“炖”、“焖”、“熬”、“蒸”、“烙”等烹饪手法，也都各有特色，油的作用同样不可缺少，下面作一简单介绍。

“炖”是将食物放进炊具中，加上作料和适当的水，用文火慢慢煮熟。

“焖”是盖紧锅盖，用微火把食物煮熟或炖熟。

“熬”是把食物放在水里煮，加上适量的调味品。

“蒸”是利用水蒸气的热力让食物变熟。

“烙”是把面食放在烧热的锅或铛（chēng）上烧熟。

在这五种烹饪手法中，油的作用也不可忽视。当然，中国烹饪手法千变万化，远非以上十种所能涵盖，在所有的烹饪手段中，绝大多数不可缺油。油的特点是闻起来香，吃起来有味。肉类食物自不待言，它们多半油脂充足，浓香可口。至于大多数蔬菜和少数缺油的荤类，如果缺少油水烹制，往往食之无味。而一旦经过油水的洗礼，便马上换了一副面孔，变得香馥馥，爽歪歪，吃起来有滋有味了。因此，大凡初涉厨艺之人，烹调无方，做出来的菜不好吃，其办法往往是加大油量，用来弥补厨艺不精带来的缺憾。油多了，菜自然就滋润起来，变得有味。江西吉安俗语“油多不坏菜”，说的就是这个道理。

除了肉菜烹制之外，在各种零食中，油炸品也是重要一类，深受百姓喜欢。油条、油饼、麻圆、麻花、春卷、酥角、煎堆等零食皆价廉物美，百吃不厌。旧时风俗，年关莅临之际，家家户户开油锅，各类油炸食品纷纷登台亮相，装点节日气氛，油渗透到我们生活中的方方面面。

油是珍贵的食品，不管是动物油，还是植物油，都价格不菲。三四十年前，一般人家大都手头不宽松，炒菜舍不得多放油，需要“斤斤计较”，菜中油水严重不足。长期这样，很多人营养不良，面黄肌瘦，弱不禁风。在那时，油的口碑非常正面，是利身养颜的佳品。如今社会发展迅速，转眼间，很多人的油水就大大超标了，人的体重大幅度增加，血脂血压血糖等指数快速增高，而这一切，都是油水过多惹的祸。世事真是波谲云诡，变幻莫测。油这个人见人爱的东西，居然成了健康的杀手。形势迫使人们适当控制油量，因而清水菜在一定场合颇受欢迎。雪白的猪油，号称“众油之王”，曾经引得多少人流口水。同其他油相比，炒起各类蔬菜，猪油容易入味，且看起来油闪闪，吃起来香喷喷。尤其是热面条中放点猪油，味道美妙极了，放其他油（不含麻油）效果就不好了。尽管猪油优点不少，但有个致命的缺点——脂肪过多，当今城里人唯恐避之不及，正是“一丑掩众美”。油炸品的命运也是如此，过去不少人曾对油炸品嗜之如命，现在却敬而远之。回首昨天之事，恍若隔世。时移俗易，与时俱进，真是实实在在的硬道理呀！

中华饮食奥妙无穷，烹调手段引人入胜，使人不禁“高山仰止，景行行止”。笔者三言两语实在难尽其中奥妙，以上所举烹调之法肯定挂一漏万，充其量是管中窥豹，聊见一斑而已。千百年来，中国饮食讲究“食以味为先”，并久享盛名，仅以口味与花色品种而言，如果自认第二，恐怕没谁敢认第一了。各派菜系争奇斗艳，各种烹调方法竞显芳姿，多方位、多层次满足了芸芸众生的需求。我们华夏子民，生于美食之国，就好好地尽情品尝吧！

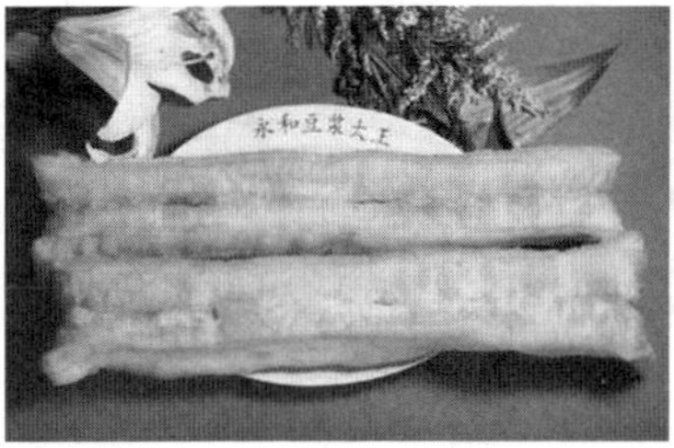

油条

麻圆

麻花

春卷

（三）万事俱备还需“盐”

大自然有七种颜色——赤橙黄绿青蓝紫，世上开门七件事——柴米油盐酱醋茶。七事之中，“油”、“盐”、“酱”、“醋”都是著名的调味品。众所周知，在各种调味品中，酸甜苦辣咸，滋味不一般，不同的人取舍不一，正是“一方水土养一方人”。

就口味来说，湖南、江西、贵州尚辣；四川也尚辣，但还要带股麻味；浙江、江苏、上海尚甜，也喜欢酸；山西嗜好酸味；山东、北京偏爱葱香味；广东讲究原汁原味。真是百里不同风，千里不同俗。

一个人的至爱口味，可能是他人的头号克星。有人畏辣刺激嗓子，辣椒一点不沾；有人嫌甜过头太腻，糖可以不吃；有人讨厌酸味，老醋可以不放；而唯独对于咸（繁体字为“鹹”）味，天南海北的人，不分男女老少，一概来者不拒，一餐都不能少。都说平淡是真，但饮食再淡也不能没有咸味。说起咸，盐自然当仁不让，独领风骚，这光荣的使命主要靠它完成。俗话说：“吃尽滋味盐好，走遍天下家好。”星星虽然晶莹美观，但远在天边，当不得饭吃。世上最普通的东西往往就是最宝贵的东西，盐就是这种最宝贵的东西。如果长期缺少食盐，人就会脸色苍白，全身浮肿，四肢乏力，甚至患上肾炎等致命的病。

盐，繁体字为“鹽”，是个形声字。《说文解字·盐部》：“盐，咸也。从卤，监声。”“卤”的繁体为“鹵”，其古字形像盐碱地的形状；“监”的繁体为“監”，表示读音。

擅长烹饪的人都知道：烹炒煎炸盐为主，五味调和醋为先。在各种烹制手法中，盐的作用至关重要。小说《三国演义》第四十九回描写：周瑜在赤壁之战中，“欲破曹公，宜用火攻；万事俱备，只欠东风”。幸赖诸葛亮借来东风，才成就了周瑜的千古伟业。在烹饪活动中，盐就是烹制美味的“东风”，最后关头千万少不得。一个高明的厨师，将一锅美味和谐地融为一体，此时香气四溢，令人口水不断，但大功并未告成，还差那一匙盐。都说“民以食为天，食以味为先”，这味最后要靠盐来完成。看准时机，把握火候，将适量的盐投入锅里，融于菜肴之中，大功才算告成了。毫不夸张地说：一锅佳肴，如果没了盐，味道则会黯然失色。

盐具有自身的魅力与特点，与醋等调味品截然不同。比方说醋，人们直接品尝味道也不错，喝多点也没大关系。喜喝醋的人更觉有滋有味，一口气可喝不少。冯梦龙《古今谭概·贫俭部·醋》写了这样一件事：“夏侯信常以一小瓶贮醋一升自食，家人不沾余沥。仆云：‘醋尽。’信必取瓶合掌，尚余数滴，以口吸之。”夏侯信嗜醋如命，喝了一升仍不尽兴，还要尝几滴才过瘾。《警世通言》卷三十五说：“呷得三斗醋，做得孤孀妇。”这条俗语是说能吃三斗醋，必定性格刚强，耐得住寂寞，守得住寡。可见，自古以来不乏净吃醋的人。与醋等调味品不同，盐不宜直接品尝，莫说三斗，就是三斗的百分之一，任何人吃下去，恐怕都要喊爹叫娘了。话说回来，其他味道对很多人来说，少了也无关大雅，只有咸味不可或缺，餐餐都要，这就是盐的魅力了！

盐的生产历史源远流长，早在传说中的炎帝时代，夙沙氏就已经煮海为盐，开人工产盐之先河。一般来说，盐产量巨大，应当价格便宜，但因其不可或缺，有时人为操纵，价格暴涨，普通百姓承受不起。从春秋开始，齐国宰相管仲实行盐业专营，以后历代沿袭。盐铁等重要物质的生产一般由官府控制，实行专卖。但因有利可图，民间走私长期存在，唐末高仙芝、黄巢就曾是著名的走私盐贩子。在走私的盐贩子中，劣迹昭彰的就是让人谈虎色变的盐枭。为了获得暴利，盐枭不顾他人生死，不惜铤而走险，以武力对抗官府，真是小人喻于利，要钱不要命。他们诚如登宁《工联和罢工》所言：有百分之五十的利润，就敢铤而走险；有百分之百的利润，就敢践踏一切人间法律；有百分之三百的利润，就敢犯任何罪行，甚至冒绞首的危险。

（四）百般滋味首推“甜”

在大自然的各种滋味中，“甜”大概是最吃香的滋味了。它是五味之一，那蜜糖般的味儿几乎无人不爱，其普适性为其他滋味所不如。

《说文解字·甘部》：“甛，美也。从甘，从舌。舌，知甘者。”“甛”就是“甜”，它是个会意字，由“舌”与“甘”组成，表示用舌头品尝美味。“舌”的甲骨文为“”，像张口伸舌移动的样子。

《说文解字》告诉我们：在古人心目中，甜就意味着美。其实今天又何尝不是如此！在现实生活中，甜味渗透于饮食的每个角落，人气十分兴旺。不管主食副食、小吃零食、瓜果饮料，甜味都占了相当大的比重。八大菜系中，浙菜、苏菜尚甜，许多菜肴会放上适量的糖，例如“糖醋排骨”、“糖醋里脊”、“红烧肉”、“红烧鱼”等。笔者有两位朋友，一位是南京人，一位是衡阳人。某年暑假相聚，席间二位斗起了嘴皮。衡阳人说：“你们南京人为什么煮汤都要放糖呢?”南京人反唇相讥：“你们湖南人为什么煮汤都要放辣椒呢?”汤中的调味品，典型地反映了各自菜系的特色。如果缺少了甜味，浙、苏菜系的精华将不复存在，饮食的百花园中也就少了两支娇艳的奇葩。

至于小吃中的汤圆、糍粑、麻圆及各种饼类、糕类食品，也多半在甜上下功夫，以此来迎合大众口味，这充分证明了甜味的向心力。零食中的瓜果、糖果之类就更不用说了，它们大都以甜著称。可以说甜是多数瓜果、糖果的基本特色。诸如荔枝、龙眼、菠萝、苹果、梨子、枇杷、蜜橘、红枣、水蜜桃、西瓜、香瓜、哈密瓜等，离开了甜味，它们的魂都丢了，还能如此诱人吗？糖果更是甜得可人，它是女士与小孩的至爱，一颗精美的大白兔、椰子糖或巧克力，就能哄得小朋友团团转了。

甜味可爱，引人神往，因而在语言中留下了正能量。在汉语中，但凡与甜沾点边的，总是个好字眼。“甜头”比喻好处，“甜活儿”指轻松舒适待遇高的工作，“甜蜜”、“甜美”形容幸福愉快。一个人话说得好听，人们称之为“嘴甜”，连小女孩容貌美丽可爱，人们都说她长得很甜。蔗农辛苦培育甘蔗，提供了制糖的重要原料，使百姓生活充满甜蜜，人们便将他们的工作称为“甜蜜的事业”。

“甜”与“苦”对立，世人都喜欢甜，厌恶苦。生活中即使不能一帆风顺，人们也希望先苦后甜，但也不能甜过了头。《论语·先进》中孔子说：“过犹不及。”意思是“事情做得过头，就跟做得不够一样，都是不合适的”，这在“甜”味方面表现得很典型。人人喜爱的甜味，如果过度了，就会甜得发腻，甜言蜜语有时也不无骗人的嫌疑。甜与苦势不两立，但偶尔二者的差别却在一线之间。例如丝滑巧克力，苦与甜搭配得恰到好处，令人百吃不厌，而醇黑巧克力进了一步，突出咖啡的原汁原味，一口咬下去，满口苦涩。许多爱吃巧克力的小孩吃了一口之后，再也不回头了。凡事不可过度，这是甜给我们最好的启示。

糖醋排骨

糖醋里脊

（五）刻骨铭心说“辣”味

一说起辣，真是有人爱来有人怕。常见滋味“酸”、“甜”、“苦”、“辣”、“咸”、“香”，唯独对辣的看法分歧最大。说到甜吧，谁都喜欢吃，只不过太甜了，容易发腻。其他滋味虽各有所好，但还不至于太离谱。只有“辣”味，感觉反差太大。有人无辣不欢，甚至连汤里也要带辣味。反之，有人辣了吃不下饭，那剧烈的刺激，让人翻肠搅肚倒胃口，甚至咳个不停，怎么还能咽下去呢？湘西有些人用生朝天椒蘸盐水吃，直叫有的人眼泪像断了线一样，一滴又一滴往下流，湿透衣衫，这样的吃法能行吗？

“辣”指像辣椒、生姜、大蒜之类带有刺激性的滋味。从字形上看，“辣”是个形声字。形旁“辛”表意，表明了它的特性；声旁是“剌（là）”，表示读音。为了书写简单美观，“剌”在构字时省去了“刂”，只剩下“朿”。这种造字手段叫“省声”，即省去声旁的一部分，是汉字构形的一种常见手段。

“辣”的滋味主要靠辣椒、生姜成就。江西俗语“上床的萝卜下床的姜”，说的是清晨吃姜有益身体健康，但作为调味品，生姜适应面不如辣椒广泛。据文献记载：辣椒乃明代从外国引入。照此来看，辣椒的历史积淀并不深厚，但后劲十足。它一登上中国大陆，便迅速传播，深深地在这块土地上扎下了根，拥有一个庞大的粉丝群体。尤其是在湖南、四川、贵州、江西、湖北、广西等地，辣椒很盛行，其身影处处闪现，诸如“酱板鸭”、“炒血鸭”、“炒肚片”、“红烧草鱼”、“剁椒鱼头”、“辣椒炒肉”、“辣子鸡丁”、“水煮牛肉”、“辣子炒田鸡”等众多菜肴都以辣味见长。在这些省份，如果没了辣椒，许多传统名菜便失去了重要的调味手段，变得名不符实了。

在实际生活中，“辣”是平民口味，所谓“辣椒是百姓的肉”，因而备受普通大众喜爱。富贵人家山珍海味应有尽有，口味好得很，对辣椒不大看得上眼，顶多点缀一下门面而已。但辣椒对于贫寒家庭就不同了，粗茶淡饭有时不好下咽，辣椒就派上了大用场。它经济实惠，烹制方便，穷人也吃得起；它提神开胃，刺激食欲，送饭顶呱呱。真乃般般如意，样样顺心。这么好的东西，人们还能离开它吗？

“辣”的凶猛性、刺激性很强，让人难忘，因而在语言中也留下了深深的痕迹。“毒辣”形容狠毒残酷，“泼辣”既可指蛮不讲理，又可指有魄力。“辣手”指毒辣的手段，例如“辣手摧花”，惨不忍睹，此多为流氓痞子所为，为正人君子所不齿。在中国传统文化背景下，女性应是温柔端庄贤淑，与辣椒的脾性大不相同。奇怪的是，在实际语言生活中，“辣”却多用来形容女性，它几乎成了女性的专利。《红楼梦》大观园中的王熙凤心狠手辣，人称“凤辣子”，是一个“明是一盆火，暗是一把刀”的歹毒女性。江西方言“辣椒”指泼辣的女性，“小辣椒”多指泼辣的小姑娘，“辣椒婆”指凶悍的女性。在多数语言环境中，三者都有一定贬义。与之形成鲜明对比的是：当年宋祖英引吭高歌，万人倾听，一首《辣妹子》瞬间走红神州大地。“辣妹子”字里行间洋溢着激情，充满褒义，俨然成了湖南、四川女孩子的代名词。不知当今女性，被人称作“辣椒”，高兴还是生气，也许这是一个颇费脑筋的问题。

朝天椒

剁椒鱼头

（六）治大国若“烹”小鲜

《老子》第六十章写道：“治大国若烹小鲜。”句意是说治理大国就像烹调小鱼一样。老子以常见的烹调活动为喻，生动形象，深入浅出，把治国的大道理讲得贴切明白。初闻此话，有人或许会问：治理国家与烹调小鱼有何关系？为了说明这个问题，让我们先从“烹”字说起吧。

“烹”的古字是“亨”，甲骨文中为“”，金文为“”，像宗庙的形状，本义是用食物敬奉鬼神。“亨”后来加“火”字底，写作“烹”，专表制作熟食之义。《集韵·庚韵》说：“烹，煮也。”“烹小鲜”就是把小鱼放在有水的锅中煮。

由此再来仔细寻思老子的话，还真说到点子上了。煮鱼与治国，二者关系非同寻常。大凡稍懂饮食之人都知道，煮鱼要巧妙掌握火候，火力不宜过大，当然也不宜过小。从时间上来说，烹调时间要适度，不宜过长，也不宜过短。同时，仅是清水煮鱼，是煮不出好味道的，烹调需要各种佐料，使之和谐地融为一体。这就是烹调中的中庸之道，不偏不倚，恰到好处，治国也是如此。《老子》第十七章说：“太上，不知有之。”意思是“最好的统治者，老百姓不知道他的存在”。意思是说为政要顺其自然，达到无为而治的境界。自古治民切忌朝令夕改，让百姓无所适从。这就像烹鱼一样，要适当地把握时机。治国需要各种人才，人才性格不同，能力各异，高明的统治者能很好地驾驭这些形形色色的人才，为我所用，而不要频繁干扰、掣肘，以致贻误大事。楚汉战争中，刘邦虽然运筹帷幄不如张良，攻城拔寨不如韩信，统筹安排不如萧何，但他知人善任，能让这三人各尽其才，从而最终战胜项羽，一举夺取天下，开创汉朝四百年基业。

“煮”只是烹饪法之一，中国烹调手法风姿多彩，因而做出的菜的口味也很多，使人们有充分的选择余地。如粤菜的“龙虎斗”、“烤乳猪”，闽菜的“佛跳墙”，京菜的“北京烤鸭”，川菜的“宫保鸡丁”、“麻婆豆腐”，湘菜的“剁椒鱼头”，浙菜的“西湖醋鱼”、“东坡肉”，苏菜中的“霸王别姬”、“沛公狗肉”等等，都是驰名中外的名菜。难得的是，传统烹调之法与为人处世乃至治国治民都有着相通之处。

佛跳墙

北京烤鸭

麻婆豆腐

东坡肉

辩证法认为：世上万事万物皆非孤立存在，而是相互间产生紧密的联系。如上所述，烹调的奥秘在于调和各类食材，处世与治国的技巧在于协调各类人物。一个厨师如果善于借鉴自己的烹调经验，用来做人或从政，都会有很大的帮助。这并非牵强附会，而是有着活生生的事例。《庄子·养生主》中的庖丁，是一个优秀的厨师，解剖牛体是其拿手好戏。他目无全牛，解剖起来干脆利落，解牛的声音听起来像美妙的音乐，技术达到了天衣无缝的境界。然而，他并不满足于此，用他自己的话说：我对大道的爱好，超过了对技术的爱好。庖丁还未烹调，仅通过解牛，就透露了洞察世事的真知灼见，足见厨艺与人事相通，所谓“世事洞明皆学问，人情练达即文章”。高明的厨师不仅精通厨艺，而且能触类旁通，对社会现象的认识具有强大的穿透力。先秦时期，中国历史上先后出现了两个烹调大师，一为商代伊尹，一为春秋齐国易牙。两人都是厨师出身，而后官居显位，权倾一时，最终一个流芳百世，一个却遗臭万年，令人唏嘘不已。

伊尹立身正直，他由烹调悟出治国之道，并以此游说成汤，受到成汤器重。从此伊尹崭露头角，尽心辅佐成汤，最终打败夏桀，建立商王朝。此后，伊尹长期执政，辅助了几代商王，成了国家的顶梁柱。当商王太甲昏庸无道时，他甚至放逐太甲，亲自临朝听政。三年后，待太甲悔过自新，伊尹才虔诚地迎太甲回朝。伊尹执政时，商朝国泰民安，天下大治，他自己也成了一代名相。与伊尹相比，易牙就差远了。易牙虽精通烹调之道，善于把握形势，但心术不正，专走歪门邪道。他听说齐桓公尝尽山珍海味，只是没尝过人肉的味道，居然将自己的亲生幼儿煮熟给齐桓公尝鲜。易牙小人得志后，逐渐露出了其本来面目。齐桓公病重期间，他乘机作乱，结果饿死齐桓公，使齐国大乱，自己也落得个身败名裂、遗臭万年的悲惨结局。

综上所述，烹调之道，充满玄机，且与现实生活利害攸关。能者举一反三，为人处事势必如虎添翼，伊尹与易牙就是活生生的绝好教材。他们都由精通烹调而发迹，执掌国家权柄，但一正一邪，功过相反，给世人留下了深刻的经验教训。

四、副食篇（下）

（一）日啖荔枝三百颗，不辞长作岭南人

岭南是盛产水果的地方，而荔枝号称水果之王，千百年以来，不知迷倒了多少食客。荔枝体型圆润，穿着紫红的外衣，掀开这外衣，便露出了白色的果肉，晶莹闪亮，看着便解渴。荔枝品种众多，最为平常者名“槐枝”，也叫“淮枝”，果核大，肉汁少，现在备受冷落。“糯米糍”和“桂味”乃荔枝中的珍品，二者皆核小，味道很甜。其中糯米糍个子大，肉质饱满，名副其实，味道像浓郁的甜酒，吃起来肉感强，有弹力，市场行情非常好。桂味体型较小，一嚼下去，一股淡淡的清香沁人心脾，甜味爽而不腻，百吃不厌。荔枝中的极品——增城西园“挂绿”，更是享誉天下，它红中带绿，一道绿痕纵贯红红的全身，像挂着一条绿色的绸带，别有一番风致。

物以稀为贵。“挂绿”出产甚少，价格极其昂贵，一颗挂绿卖一万元已经不足为奇。据2002年7月1日《广州日报》A3版《头号“挂绿”拍出55.5万天价》报道：2002年6月30日，增

城市10颗“西园挂绿”以131.5万元总价成交，其中头号“挂绿”重量只有18.8克，拍卖价格竟然达到55.5万元。这真像天上的星星，可望而不可即。世上珍品，诸如名画、名酒、名书法、名邮票价值连城，它们都具备能长期储存的特点，而荔枝即使长在树上，也很快就凋落，却能拍出几十万的天价，委实令人刮目相看。荔枝还有一种知名度颇高的品种，名叫“妃子笑”，顾名思义，其得名应是源于杨贵妃吃荔枝的典故。“妃子笑”绿中带红，与众不同，体大核小，质地远胜槐枝，也算是荔枝中的佳品。

荔枝真有点像古典红颜，楚楚可怜，浑身散发出迷人的魅力。可惜红颜保养不当，几年就会变成黄脸。相形之下，荔枝的青春期更短，玉貌花容转眼变老。

白居易《荔枝图序》说：荔枝“若离本枝，一日而色变，二日而香变，三日而味变，四五日外，色香味尽去矣”。也许是荔枝离开了树枝便容易变质，所以它曾经别名“离枝”。

如何吃到新鲜荔枝，从来都是一个问题。众所周知，杨贵妃对荔枝情有独钟，为了吃到新出产的荔枝，不顾他人死活，烈日炎炎之下，令人快马加鞭，千里迢迢送来新鲜荔枝。唐代杜牧作《过华清宫》诗咏叹此事，诗曰：“长安回望绣成堆，山顶千门次第开。一骑红尘妃子笑，无人知是荔枝来。”

杜牧的诗歌并非凭空想象，而是有着充足的现实依据，据《新唐书·杨贵妃传》记载：“妃嗜荔支，必欲生致之，乃置骑传送，走数千里，味未变，已至京师。”结果人马僵毙，相望于道。这是一幅鲜活的送荔枝的场景，千里迢迢，多少人中暑倒毙！历史事实比诗歌所言还要严酷。对此，笔者胡诌一顺口溜：“快马加鞭未下鞍，传了一站又一站。口尝佳味美人笑，累死人马一大片。”杨贵妃爱吃荔枝名声在外，但其实她并不是接力送荔枝的始作俑者。据《后汉书·和帝纪》记载：“旧南海献龙眼、荔支，十里一置，五里一候，奔腾阻险，死者继路。”由此可见，早在东汉时期，那些可怜的送荔枝的人和马，有的已经疲于奔命，倒毙路上了。

改革开放之后，岭南风光无限，成了领风气之先的排头兵，国内生产总值常年位居全国第一，“东西南北中，赚钱在广东”的民谣曾经风行一时。而当我们回眸古代几千年，岭南经济文化并不发达，它长期落后于中原、江南地区，甚至被人看作瘴疠之地。大凡官员被贬斥流放，首选之地便是岭南，好像是昔日俄罗斯的西伯利亚，人人都谈之色变。宋代著名文学家苏轼生性豁达，贬来岭南之后，很快适应了环境，其中荔枝之功不可忽略。在贬斥期间，荔枝慰藉了苏轼落寞的心灵，催发了他的诗情，使他写出了脍炙人口的《惠州一绝》，诗曰：“罗浮山下四时春，卢橘杨梅次第新。日啖荔枝三百颗，不辞长作岭南人。”章惇不久看到此诗，见政敌苏轼活得如此滋润，气得七窍生烟，立马又把苏轼贬到海南岛去了。

荔枝品相、口味皆佳，古今都是诗文咏赞的常客。如五代词人李璟《南乡子》词名句“夹岸荔枝红蘸水”，惟妙惟肖地再现了一千年前的岭南风光。贾祖璋科普作品《南州六月荔枝丹》，饱含感情地描绘了荔枝的生平及习性。杨朔散文名篇《荔枝蜜》，主旨虽是歌颂蜜蜂的奉献精神，但也说明了荔枝的广泛用途。如果没有了荔枝，蜜蜂也就失去了唱戏的舞台，身手也就无法施展了。

荔枝

荔枝似乎善解人意，每年五月初左右，天气一炎热，它就开始成熟上市。在六七月最炎热的时候，荔枝的出产也达到高峰，随后逐渐下市。七月过后，荔枝就很少见了。整个暑夏期间，荔枝都伴随着人们，是难得的解渴佳品。它口味甘美，水分充足。杨朔认为荔枝“也许是世上最鲜最美的水果”。但吃起来并非多多益善，而应点到为止。岭南俗语说：“一个荔枝三把火。”用以形容荔枝热气，不宜多吃，多吃容易上火，反而解不了渴。

（二）橘生淮南则为橘，生于淮北则为枳

橘，俗称橘子，是一种价廉物美，为大众所喜爱的水果。橘子主要出产在南方，诸如广东四会蜜橘、江西南丰蜜橘，皆是橘中珍品，名副其实，像蜜一样甜，又毫无腻味。江西新干橘子，俗称“大红袍”，口味次于上述两种橘子，但个头大，水分足，尤其是那一身红色，人见人爱，富于观赏价值。

橘子体型虽小，但浑身都是宝。其外表或金灿灿，或红彤彤，秀气美观，百看不厌。其内质水分充足，味道酸甜，是解渴佳品。就连那橘子皮，经晒干后，也是宝贵的中药药材，可以治疗咳嗽等疾病，用来煲汤喝，长期饮用，可以保养身体，预防多种疾病。

橘子性喜湿润温暖，不大适应北方干燥寒冷的地理环境。《吕氏春秋 · 本味》篇说：“果之美者……江浦之橘，云梦之柚。”如果将橘子移植到北方，从里到外都会变质。此即《晏子春秋》卷六《杂下》所言：“橘生淮南则为橘，生于淮北则为枳。”故事说的是晏子出使楚国，楚王久闻晏子风趣机智，因而想同晏子开个国际玩笑。楚王设酒招待晏子，当两人喝得最高兴的时候，楚王故意叫两个官员押着一个人从面前走过，然后问他犯了什么罪，被押者回答说“齐国人，犯了盗窃罪”。楚王顿时眼睛发光，浑身来劲，于是顺水推舟问晏子，是不是齐国人都擅长盗窃。面

对楚王导演的这出闹剧，晏子心知肚明，方寸不乱。他机智地反驳楚王说：橘子长在淮南就是外表光滑、滋味甘美的橘，如果移植淮北，就变成了外表粗糙、味道苦涩的枳，这说明了环境的重要性。这个齐国人在齐国本是良民，而一来楚国就变成了窃贼，一定是楚国的环境教坏了他。如此一来，晏子把球又扔给了楚王。楚王本想羞辱晏子，结果反自讨无趣，只好徒生感慨：圣人是不能随便同他开玩笑的！

橘子经过千百年的历史积淀，文化内涵极其丰富，有着多种象征意义，这说明国人对这种水果确实情有独钟。早在战国时期，青年屈原就饱含深情地创作了驰名中外的《橘颂》。这首诗文采飞扬，感情充沛，极力赞扬橘树的纯洁无瑕，坚贞不屈，道出了屈原的理想情趣，是他的人格自喻。“松”、“竹”、“梅”岁寒三友不惧严冬，含笑傲霜，历来被人称道。在屈原的心目中，“橘”的精神光明磊落，丝毫不亚于岁寒三友。

到了唐代，关于橘子，又产生了一个动人的神话，这就是“橘中戏”的故事，事见牛僧孺所撰传奇小说集《玄怪录·巴邛（qióng）人》。故事说的是一个四川巴邛人霜后漫步橘园，见到树上两个大橘子，剖开一看，每个橘子皆有两位老人在下象棋，四位老头肌肤红润，头发雪白，身高仅一尺多。被人惊扰之后，他们一点都不害怕，依旧谈笑风生，兴尽乘龙而去。这个传说影响广泛，成了文艺作品长盛不衰的表现题材，故此象棋又名“橘中戏”，下棋的快乐称之为“橘中乐”，象棋名谱有《橘中秘》。

往事如烟，挥手而过，历史转眼间到了现当代，橘又被赋予了新的寓意。

> 橘与“吉”读音接近，广州话则完全同音，因而隐含“吉利”的意思。何况“橘”俗写作“桔”，“吉”虽然是声旁，但民间解字素来喜欢望文生义，右边的“吉”当然可表“吉祥”的意思了。从这个角度来说，“橘”就是“桔”，也就等于“吉”，当然吉祥平安。

岭南百姓喜欢图个好意头，“橘”的读音意头好，自然成了香饽饽。每当春节即将来临，橘子成了不可或缺的吉祥物。“人山人海行花街，家家户户买盆橘”，成了富有岭南风情的景观。橘子如此可爱，愿善良的人们在品尝橘子美味的同时，也确实能够大吉大利，万事如意。

四会蜜橘

南丰蜜橘

（三）投我以木瓜，报之以琼琚

木瓜是岭南富有代表性的佳果，是百姓十分喜爱的东西。它体型偏长，呈椭圆形，颜色淡黄，皮光滑润泽，剖开之后，散发出一股清香的气味。木瓜的栽培历史悠久，是馈赠佳品，早在周朝，卫国男女就以木瓜投石问路，表达心中爱意了。《诗经·卫风·木瓜》："投我以木瓜，报之以琼琚。"诗句描写了青年男女相聚，他们将木瓜抛给对方，表示爱慕之情，而回礼者则投以美玉表示答谢。传统礼仪讲究礼尚往来，所谓"人敬我一尺，我敬人一丈"。虽然与美玉相比，木瓜微不足道，但在日常食物中，仍称得上价廉物美，因而送得出手。在生活中，木瓜因为频频充当交际的使者，所以成了礼品的代称。例如贾岛《投张太祝》诗："欲买双琼瑶，惭无一木瓜。"

木瓜果肉饱满厚实，清凉酸甜，不但解渴，而且滋补身体。木瓜又名"万寿瓜"、"百益之果"，这名称就告诉我们，木瓜对人体有百益而无一害，多吃养身健体，延年益寿。木瓜还有美容功能，有利于皮肤的保养，因而尤为女士所爱。与其他一些水果不同的是，木瓜生吃熟吃都可，如果用来煲汤，也是滋味醇美，香气浓郁。木瓜吃法众多，可制成多种菜肴、饮料，例如"木瓜鲫鱼汤"、"木瓜炖牛奶"、"木瓜炖银耳"等等。木瓜的这一优点，让许多水果自叹不如。

木瓜久享盛誉，与荔枝、菠萝、香蕉号称“岭南四大名果”，历来为世人所重。2004 年全国高考，广东首次获得分省考试的命题权。为了彰显地方特色，语文试卷推出了一道创新题——考对联。命题人别出心裁，出了一幅上联，即“荔枝龙眼木瓜，皆是岭南佳果”。几十万考生苦思冥想，作出佳对无数，令人击节叫好。考后证明，这道试题反响很好，受到社会各界称誉。大家一致认为该试题既突出了岭南的风土特色，又考查了学生传统文化的功底，这也算是木瓜等岭南佳果为高考做的一点贡献吧！

“木”与“瓜”都是象形字。“木”的甲骨文为“”，像树的形状，是树木的总称；“瓜”的小篆字形为“”，像瓜的形状，是蔓生植物的总称。顾名思义，“木瓜”就是长在树上的瓜。

木瓜虽然是佳果，为百姓所喜爱，但“木”在汉语中却不讨人喜欢。俗话说：“人非草木，孰能无情?”这话反过来理解，草木就是无情的。因此，“木”可指感觉麻木，是一种不好的生理现象，连带与“木”沾边也不是啥好事，诸如“木头”、“木讷”都暗含贬义。木瓜本是秀外慧中的好东西，但因名称上有个“木”字而受到牵连，用来比喻“反应迟钝的人”，实在是玷污了这种佳果的名声。

木瓜

木瓜炖银耳

（四）桃之夭夭，灼灼其华——说“桃”

《诗经·周南·桃夭》是一首贺婚诗，其第一段是：“桃之夭夭，灼灼其华。之子于归，宜其室家。”诗歌运用了比兴手法，用盛开的桃花隐指新婚女子的漂亮脸蛋，赞扬新娘一定会使家庭和睦融洽。

诗中的“桃”指的是桃花，并非本文主旨。在此，笔者想着重谈谈桃树的果实——桃子。

> 《说文解字·木部》：“桃，果也。从木，兆声。”显而易见，“桃”是个形声字。“桃”可指“桃树”、“桃花”、“桃子”，许慎取“桃子”作其本义，可见桃树果实在人心目中的地位。

同木瓜一样，远在周朝，桃子就已经成为礼品。《诗经·大雅·抑》："投我以桃，报之以李。"今成语"投桃报李"即源于此，表示友好来往。桃子水分充足，果肉鲜美，水蜜桃、蟠桃都是桃中珍品。蟠桃还成了神话故事中的仙桃，被赋予了种种特异功能。孙悟空爱蟠桃，一见蟠桃，灵魂都冲出了躯体。王母娘娘举行"蟠桃会"，被邀神仙无不引以为荣，足见其时风俗：品尝桃子是一种高雅的行为。

说起桃子，不禁令人想起"二桃杀三士"的故事。据《晏子春秋》卷二《谏下》记载：春秋时期，齐国三壮士公孙接、田开疆、古冶子居功自傲，目中无人。宰相晏子担心他们祸国殃民，决定铲除这三个人。考虑到三人武艺高强，他同齐景公决定智取，为此，晏子想出了一条巧妙又有点刻薄的计策。一日，晏子召来这三人，以齐景公的名义给他们两个桃子，并要三个壮士自述功绩，功高者吃桃。公孙接看出了晏子的用心，但难抗君命，只好遵守游戏规则，自我吹嘘一番，然后拿起了一个桃。接着，田开疆又依样画葫芦，表演了一番，也拿起了一个桃。轮到古冶子表演，大家一致公认他的功劳最大，可惜桌上没有桃子了。古冶子怒形于色，拔剑而起，威逼二人还桃。公孙接、田开疆羞愧难当，后悔不该拿了他人的桃子，归还桃子后，两人一起羞愤自杀。古冶子有感哥们义气，也马上割脖子自杀。晏子就这样不动声色，轻而易举地铲除了三霸。这正是春秋三武士"不惜杀身为蟠桃"。区区两个桃子，竟然如此惊心动魄！

"二桃杀三士"在民国"文白之争"时，还掀起了一场口舌之争。新文化运动时期，胡适顺应历史潮流，极力倡导白话文，响应者众。白话文运动风起云涌，不可阻挡。林纾、章士钊等传统士人，企图捍卫文言文的正宗地位，极力贬低白话文。林纾认为白话文是卖豆浆拉板车之流说的话，不能登大雅之堂。章士钊以“二桃杀三士”为例，说明文言文简洁，比白话文优越，如果用白话文表达，就要说成“两个桃子杀了三个读书人”，比文言文多了六个字。不想章士钊不说则已，一说反而露出了马脚。众所周知，文言文以单音节词为主，一个词义项过多，令人难于把握，而白话文以双音节词为主，所指明确。如上所述，“士”其实是指武士，用双音词谁都懂，而一用单音词，章士钊居然解作“读书人”，犯了常识性错误。这位老先生自己连一个简单典故都读不懂，却要固执地反对白话文，岂非自不量力？难怪鲁迅在杂文《再来一次》中讽刺章士钊丢人现眼，根本不配提倡文言文。

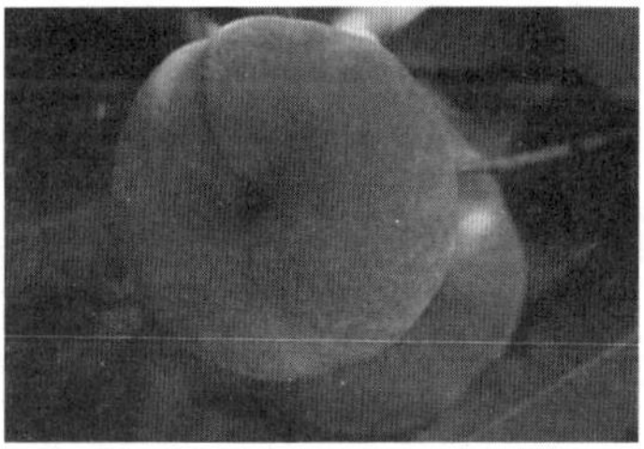

蟠桃

水蜜桃

桃子是样好东西，它经常与另一种水果——李子并称，如

"桃来李答"、"桃李之教"等。"桃李满天下"比喻学生遍布五湖四海。"桃李不言，下自成蹊"是说桃树李树虽然不会说话，但因为桃花、李花美丽，桃子、李子鲜美，人们自然会去欣赏采摘，因而踩出一条路来。后多用来比喻君子人格高尚，口碑很好，具有凝聚力。其实，桃子本身也是口碑载道，名闻天下！

（五）青梅煮酒论英雄——说"梅"

说起梅，我们马上会想起"望梅止渴"的故事。故事讲述曹操带兵行军，众士兵口渴难耐，曹操欺骗他们说：前面有个很大的梅树林，果实丰富，又甜又酸可解渴。士兵们听说后，一个个流出了口水，自然就不渴了。与荔枝、龙眼、山竹、榴莲等水果相比，梅虽然不是那么名贵，但人看到那些水果并不会流口水，唯有一见到梅，不觉立刻口舌生津，跃跃欲试，这就是梅的魅力。

梅可指梅树、梅花、梅果，三者当中，古人似更重视果。

《类篇·木部》："梅，酸果也。"《说文解字》也强调梅"可食"。两部字典都取"梅"的果实义，体现了传统文化重视吃的理念。

梅又名梅子，呈球形，颜色青青，所以也叫青梅。成熟后的梅为黄色，味道酸中带点甜味。悠闲之时，三二知己相逢，一边细细咀嚼青梅，一边天南海北漫谈，别有一番情致。

自古以来，梅常与男女之情相联系，留下一些缠绵悱恻的故事，例如《诗经·召南·摽（biào）有梅》一诗，就是一首情意绵绵的爱情诗，全诗分三段，逐层推进，表现了一位女子求偶的迫切心情。诗歌大意是：

梅子逐渐落大地，十成果实还剩七。追求我吧好帅哥，选个吉日把我娶。

梅子缤纷落大地，十成果实三成稀。追求我吧好帅哥，就在今天定婚期。

梅子全都落大地，拿个筐子来捡取。追求我吧好帅哥，一开口就答应你。

女子目睹梅子落地，有感美丽年华稍纵即逝，急切盼望梦中情人白马王子赶快出现，共结百年之好。

又如成语“青梅竹马”，是无数青年男女欣羡的梦幻境界。它本于李白《长干行》诗：“郎骑竹马来，绕床弄青梅。同居长干里，两小无嫌猜。”诗歌表现了童男童女在一起玩耍时的天真无邪的样子，现多指儿时就相识的情侣，用在男女相恋的场合。这种人生美梦，对于多数人来说，真是可望而不可即，难怪女子名中喜含“梅”字。

梅在古代，还是有名的调味品。《尚书·说命下》指出：“若作和羹，尔惟盐梅。”这是说烹制羹汁，主要靠盐来调制咸味，靠梅来调制酸味。看来在先秦，梅是调酸的主角，其范围实际上不限于烹制羹汤。人们若想尝酸味，梅就理所当然地肩负重任。

青梅似乎与曹操特别有缘，除上述“望梅止渴”外，他还留下了“青梅煮酒论英雄”的故事，历来被人津津乐道。《三国演义》第二十一回“曹操煮酒论英雄　关羽赚城斩车胄”描写了这件事的来龙去脉，故事情节大致如下：

曹操请刘备相聚，“盘置青梅，一樽煮酒。二人对坐，开怀畅饮”。两人喝得兴起，曹操纵论英雄本色，然后请教刘备天下英雄是谁。刘备历数袁术、袁绍、刘表、孙策、刘璋、张绣、张鲁、韩遂之流，曹操皆不屑一顾，视之如鼠辈。刘备傻眼了，只好推说不知。但震惊刘备的是，曹操说出了让他胆战心惊的话：“当今天下英雄，只有你和我罢了！”刘备一听此话，大惊失色，手忙脚乱，连吃东西时用的家伙——汤勺和筷子都掉到地上了。幸好此时雷声大作，刘备以害怕雷声为借口，巧妙地掩饰了自己的窘态。

诸君或许纳闷，被人赞为英雄，本好事一桩，刘备为何这样恐慌？殊不知刘备为了复兴汉室，心中已有铲除曹操之心，无奈心有余而力不足，正在等待时机。此时他寄人篱下，甚至是“勉从虎穴暂趋身”，深恐曹操识破自己胸怀大志，因而韬光养晦。刘备正巴不得曹操说他是孬种，以便从长图大计，岂知曹操慧眼识珠，偏偏称他是英雄，立即使刘备产生了危机感。事后，刘备借口征讨袁术，逃离了曹操的手掌。

青梅煮酒，海阔天空，委实别有风味。诸位如有闲情雅致，不妨一试。不管是一边品酒，一边尝梅，还是将梅放入黄酒之中煮热，那个味儿都是美滋滋的，让人受用极了。这正是曹操“青梅煮酒论英雄”，惊杀刘备；咱们“青梅煮酒谈国事”，皆大欢喜！

青梅

（六）臭到极致便是香——“榴莲”趣谈

大自然有多种色彩，灰色是最不受人待见的颜色之一，诸如“灰不溜秋”、“灰姑娘”，总给人一种“土气”、“可怜”的印象。大自然有多种气味，臭味臭名昭彰，是最令人讨厌的气味。然而有两样东西闻起来臭，却受到不少食客垂青。其一是臭豆腐，笔者每每路过一些街边的卖小吃处，但闻臭豆腐气味飘飘，不少人掩鼻而过，间或有人嘀咕：这样难闻的东西，怎么吃得下去？另一样是榴莲，它的气味浓郁，很有特色，也令不少人闻而止步。

常见于大型超市：一些时髦女郎一手用手帕捂住鼻子，一手抓着榴莲津津有味地嚼个不停。这是吃榴莲的小儿科水平，还不懂欣赏榴莲气味的美。吃榴莲的高级水平应当是像老鼠见了大米，不要命地扑过去；像猫儿闻到了腥，浑身上下兴奋起来；像热恋女子见到了情郎，眼睛闪闪发亮，透射出兴奋的光芒。世人只有到了这般地步，才算真正懂得了榴莲。在现实生活中，女子好像比男子更喜欢榴莲。

榴莲初次吃味道一般，三五次后则会上瘾，终生难戒。常言道："物极必反。"说的是事物发展到极点之后，往往会走向它的反面，榴莲的气味从一个侧面印证了这个道理。那令人掩鼻的怪味，习惯之后，就会变得格外好闻。古代小说写到卓越人物出生时，往往会伴随着一些神异现象，诸如"异香满室"、"金龙隐现"之类。如果将一个榴莲放在室内，倒是立刻香气缭绕，四壁生辉。如果将榴莲剖开，那浓郁的香气更是扑鼻而来，挡也挡不住。如果将榴莲放在冰箱中，食完之后很久，冰箱里仍有余香弥漫。因此，榴莲之可贵，正在这股香味或说榴莲味。真正的食客，应觉得榴莲味越浓越好吃，如果气味不浓，则没成熟，吃起来像生番薯一样，味道逊色不少。如果压根儿没了这个味，那就多半已经严重变质，根本无法下咽了。诸位食客切记，榴莲味越浓重，闻起来越舒适，吃起来越甘美。这是两全其美的好事，为什么要遮住鼻子来吃呢？

人们常说："人不可貌相，海水不可斗量。"这话用于形容榴莲非常恰当。榴莲浑身是刺，歪头斜脑，其貌不扬，却属于大补之品。尤其是体虚之人，多吃榴莲有益于身。遗憾的是，对不少人来说，榴莲仍是"养在深闺人未识"。他们对榴莲一知半解，没充分认识到其宝贵价值，因而拒之于千里之外，无福消受这滋身养颜的水果珍品。众所周知，在传统观念中，土鸡是很滋补身体的东西，历来为人所重，民间有“无鸡不成宴”的说法，这说明了土鸡在饮食中的重要地位。而在岭南，则流传着“一个榴莲三只鸡”的谚语，足见榴莲营养价值之丰富及食客对它的推崇。两相比较，榴莲滋补身体，俨然远胜土鸡，令人刮目相看。

关于“榴莲”得名的由来，一说“榴莲”谐音“流连”，表示人们接触到此物之后，往往流连不已，食之之情难于割舍。如此看来，榴莲真是天造地设的尤物，它让人流连忘返，更让人留恋难忘！

榴莲

（七）每天一个果，疾病远离我

当代社会科技发达，百姓生活水准迅速提高，营养过剩现象比较突出。在这种背景下，世人健康观念愈发强烈，对食品的营养及安全问题非常注重，食补价值日益凸显。肉类、甜品、腊味等传统美味不那么走俏了，但是一提到水果，大家无不伸出拇指，齐声赞扬，都认为它是有益无弊的好东西，正如俗语所说：“每天一个果，疾病远离我。”

在众多的水果中，苹果所含维生素极为丰富，据说是最有益于人体的。上述俗语中的“果”，主要是指苹果。这条俗语的另一版本就说成了“每天一苹果，疾病远离我”。由此可见，苹果的保健价值不可小觑。

苹果的“苹”本作“蘋”，是个形声字；“苹”则是“萍”的本字，指“浮萍”，后成了“蘋”的简化字。至于“果”字，《说文解字·木部》解释为：“果，木实也。象果形在木之上。”

苹果如今很常见，市场上一年四季都有出售。苹果与人关系密切，所以有关苹果的故事很多，它甚至推动了历史的发展。众所周知，大科学家牛顿一日在苹果树下乘凉，突然一颗苹果掉下来，恰好砸到了牛顿的脑袋。这如果换了他人，砸了就砸了，有啥大惊小怪，可牛顿的脑袋偏偏不同寻常，他苦思冥想：苹果为什么不会往上掉，而是往下掉呢？这一想，就想出了物理学上最有名的定律——万有引力定律，这个定律成了现代物理学的重要基础。从这个角度来说，砸到牛顿头上的苹果贡献巨大，造福了人类。

在《圣经》故事中，亚当、夏娃偷吃了伊甸园“知善恶树”上的禁果，因而被上帝赶出伊甸园，开始了人类自己的生活。这伊甸园的禁果，其实就是苹果。看来，在神话中，苹果与人的关系也非常密切。因《圣经》故事的影响，苹果在西方可象征爱情。这种观念在汉语中也留下了一点痕迹，例如未婚少男少女发生身体上的关系，人们习惯上称之为“偷食禁果”。

苹果适应北方的气候，不大中意南方湿热的天气。清汪灏《广群芳谱·果谱四》指出：“苹果，出北地，燕、赵者尤佳。”自古以来，山东烟台苹果质量优异，闻名世界。国外，日本红富士苹果外形美观，口味香甜，市场上很走俏。如今，我国已成功引进红富士苹果，它已在辽宁、山西、山东、陕西、河北等省开花结果，虽不敢说“青出于蓝而胜于蓝”，但也可以同日本红富士分庭抗礼了。

苹为形声字，但声旁“平”有“平安”、“太平”、“公平”的意思。这些美好的字眼，寄托了千百年来百姓的梦想。基于此，苹果也具有了“吉祥”、“平安”之类的象征意义，成为人情来往的馈赠佳品。当然具体情况因人因地而异，不可过于刻板，以为放之四海而皆准。谚语曰：“十里不同风，百里不同俗。”苹果虽是个好东西，但据说在上海方言中，“苹果”与“病故”读音比较接近，因而有时容易产生一些不好的联想。如果在上海探望一位有点讲究忌讳的住院老人，心里就要盘算一番，尽管苹果有益于身，但最好不要送它了，以免引起误会。

苹果

（八）忽如一夜春风来，千树万树梨花开——说“梨”

唐代诗人岑参《白雪歌送武判官归京》一诗历来饮誉诗坛，千古传颂，其中“忽如一夜春风来，千树万树梨花开”两句描写生动，想象奇特。它用春天里千树万树的梨花来比喻满天飞舞的雪花，确实独具匠心，令人击节叫好！不过，笔者在此并不想说梨花，更不是要谈雪花，而是要说一说同梨花共长一枝的“梨”。说到“梨”，它可指梨树及其果实，但人们第一印象当然是指梨树的果实了。

《说文解字·木部》：“梨，果名。”梨俗称梨子，是一种深受百姓喜欢的常见水果，口碑好极了。

梨子一般在每年的五至七月成熟，比较适应北方的气候，山东、河北等省的梨子非常有名。梨子水分充足，滋味甘甜清爽，可以解渴散热，尤其是“梨子炖冰糖”清火解热，润肺止咳，是治疗感冒的良药。

梨子的种类很多，产量也高，不会有“物以稀为贵”的效应，但诸如沙梨、雪梨、鸭梨、香梨等等，皆质量优异，誉满天下。它虽然很常见，但也有其突出之处。《宋书·张劭传》曾说：

“梨为百果之宗。”足见梨子于平凡之中崭露头角，在水果中地位很高。宋代诗人丁谓《梨》：“寻芳尚忆琼为树，蠲（juān）渴因知玉有浆。”诗句咏赞的对象就是梨，且把它写得很美。《本草纲目·果部·梨》说到梨子别名“玉乳”，更是美妙动听，可见梨子那甘甜洁白的汁液给人留下了美好的印象。

说起吃梨，想必各位与笔者一样，不觉会想起“孔融让梨”的故事，这个故事见于《后汉书·孔融传》李贤的注解，主要内容如下：

孔融兄弟共有七人，他排行第六，性情自然大方。孔融四岁的时候，经常与兄弟们一起吃梨子，他总是拿小梨子吃。大人问他这样做的原因，孔融回答说：“我是小孩子，按道理应当拿小梨子。”于是，孔氏家族的人都认为孔融很聪颖。

无独有偶，南朝梁代，又出现了“王泰让枣”的故事，这个故事出自《梁书·王泰传》，主要内容如下：

王泰小时候很聪明，几岁的时候，祖母召集孙子们吃东西，就把枣子、栗子放在床上。众小孩见了，都跑过去争夺，只有王泰不去抢。有人问他为什么这样做，王泰说：“我不去争夺，自然会得到赏赐。”于是，亲戚们都觉得他奇异。

从故事本身来看，孔融表现出来的是通情达理、友爱谦让；王泰则是聪明机智、与众不同。后来，人们用成语“推梨让枣”赞扬兄弟同辈间的友爱谦让，它体现了中华民族的传统美德，千百年来潜移默化，对华夏子孙发挥了润物无声的积极作用。

梨子样样都好，唯独读音未能尽善尽美。古往今来，中国人喜聚不喜离，“梨”谐音“离”，暗含不吉利的色彩。讲点忌讳的人，夫妻之间不能分梨子吃，“分梨”谐音“分离”，暗示夫妻要分手。同理，如果我们去医院看望有点迷信的病重老人，最好也不要送梨，难道你想与他永远分离吗？

梨子

红枣

（九）桃李不言，下自成蹊——说“李”

“李”是一种适应性较强的水果，南北皆可种植。

《说文解字·木部》说：“李，果也。从木，子声。”“李”是个形声字，但由于语音的变化，声旁“子”表音已经很不准了。

对于这种现象，明代陈第《毛诗古音考》说得好：“时有古今，地有南北，字有更革，音有转移。”按照大自然的规律，万事万物都在运动中发生变化，语言文字也不例外，它会随社会的发展而发展。

“李”也叫“李子”，其颜色一般为浅黄或紫红色，也有青绿色。《西京杂记》卷一《上林名果异木》将李子分为十五类，从颜色上看，有“紫李、绿李、朱李、黄李”四种。李子酸中带甜，清热解渴，利于消化，每年五六月成熟，是夏日消遣的佳品。李子同杨梅一样，虽然不是特别名贵，滋味也不怎么出众，但它们那股酸劲，让人一见就忍不住流口水，这就是其独特的魅力了！在物产不够丰富的时代，李子对馋嘴的小孩来说，仍不失为一种很诱人的水果。《世说新语·雅量》篇就讲了这样一个故事，情节大致如下：

王戎七岁时聪颖过人，他曾经与小伙伴一起嬉戏。伙伴们看到马路边上的李子树结满了累累果实，压得树枝都弯下了腰，就争先恐后地跑过去抢摘李子吃，只有王戎一点都不动心。有人问他为什么不去摘李子吃，王戎回答说：“李子树长在路边而果实很多，这肯定是苦李子。不然，早就被人摘光了，怎么会轮到我们呢？”果不其然，没过多久，其他尝到苦头的小孩便一个个扫兴而归。

故事通过细节描写，突出了王戎脑瓜灵活的特点，表现了孩子贪吃的天性。李子耐嚼解渴，尤其是烈日炎炎之时，不觉令人口生唾液，这种诱惑小孩怎么挡得住？不过李子毕竟不是水果中的上品，其成分有不利于人体的地方，即使是暑天，也不宜多吃，多吃有损身体健康。孙思邈《备急千金要方》卷七十九《果实》指出：李“不可多食，令人虚”。这是说李子湿气重，酸性强，吃多了会使人的体质变得虚弱。至于坊间流传的“桃养人，杏伤人，李子树下埋死人”的说法，显然是言过其实，不值一驳。

暑夏时期，天气灼热，李子毕竟是个好东西，成语“瓜田李下”说得妙极了。“瓜田李下”比喻容易引起嫌疑之处，它出自《乐府诗集·君子行》：“君子防未然，不处嫌疑间。瓜田不纳履，李下不整冠。”后两句大意是说瓜田里不可弯腰提鞋，以免人家猜疑自己要偷瓜；李树下不要弄帽子，以免人家猜疑自己要偷李。如此看来，李与瓜一样，吸引力可不小哇！

李子

“李”同“桃”总是形影相随，脱不了关系。除上面所说词语之外，还有成语“李代桃僵”，表示“代人受过”的意思。这条成语来自《乐府诗集·鸡鸣》：“桃生露井上，李树生桃傍。虫来啮桃根，李树代桃僵。树木身相代，兄弟还相忘。”诗歌用拟人手法写出了李树的义气，它甘愿分担桃树的痛苦，甚至代替桃树而死，讽刺世人兄弟之间反而感情淡漠，不能共患难，连树木都比不上。如此看来，桃李和谐相处、同甘共苦的精神，也值得我们学一学。

五、饮酒篇（上）

（一）“酉”——饱含诱人的酒香

> “酉”今义为地支的第十位，大家应不陌生，但这不是它的本义。我们从“酉”的字形去寻根溯源，发现“酉”原来是古代的酒坛子。《说文解字·酉部》：“酉，就也。八月黍成，可为酎酒，象古文酉之形。”“酉”的甲骨文字形为“”，是“酒”的本字，像个酒坛子，寓意是以酒坛代指酒，象征喷香诱人的酒气呼之欲出。在金文中，“酉”的字形变成了“”，酒坛上添了一些花纹，仍然指酒。

仔细端详甲骨文、金文，“酉”字的造型真是形象极了，字的形体之中，仿佛一股浓郁的酒香扑鼻而来。受“酉”的字形及本义影响，以“酉”为偏旁的字多与酒有关。

先民最为爱酒，视饮酒为人生乐事。酒能成事，也能败事。

刘邦斩蛇

秦朝末年，刘邦乘着酒兴，斩掉拦路的白蛇，顺势自称为赤帝的儿子，揭竿而起，最终打下了汉朝四百年江山。武松醉打蒋门神更是为人津津乐道。诚如《水浒传》第二十九回中武松所夸耀："你怕我醉了没本事，我却是没酒没本事。带一分酒，便有一分本事，五分酒，五分本事。我若吃了十分酒，这力气不知从何而来。"果如武松所言，他痛饮之后醉打蒋门神，一手醉拳发挥得淋漓尽致，将对手打得落花流水。究其因，善饮者饮酒饮到佳处，整个身心飘飘欲仙，体内潜能自然释放，可将本领发挥到极致，这是人生至妙的境界。

饮酒固然能够助兴，但贪杯便会误事，历来不乏其例。《喻世明言》第五卷《穷马周遭际卖䭔媪》中的书生马周，生性豪爽，学问渊博，受到刺史器重，后因醉酒屡屡误事，受到刺史责辱，被迫另寻出路。儒家推崇的中庸之道，也适宜于饮酒的场合。饮酒应适可而止，过量则乱性，如果酩酊大醉，往往会败坏大事，仅《三国演义》一书中，此类事情就发生了多起。

东汉末年，曹操把持朝政，他心怀篡权之心，玩皇帝于股掌之中。在这种政治背景下，其下属或拥戴曹丕，或拥戴曹植，形成了两个集团，最终曹丕胜出。在《三国演义》第七十八回中，曹操临终遗言说："卞氏生四子：丕、彰、植、熊。孤平生所爱第三子植，为人虚华少诚实，嗜酒放纵，因此不立。"从曹操遗嘱来看，贪杯成了曹植的致命短肋。民间也有如此传闻，曹操本来非常器重曹植，曾任命他为先锋，领兵出征，有意让其建功立业。曹丕心有不甘，歹意顿生。为了达到不可告人的目的，曹丕假意请曹植喝酒，席间畅叙手足之情，当然也不断地灌曹植酒。曹植才华盖世，聪明过人，但心地纯朴，不懂权谋，自然识不破曹丕的诡计，于是舍命陪兄长，终于烂醉如泥。次日凌晨，鼓声响起，众军急切地等待曹植，无奈他心有余而力不足，眼睁睁盯着天花板干着急，连床都起不了，怎能一马当先。面临此情此景，曹操恨铁不成钢，最终对曹植深感失望，胜利天平转眼间向曹丕倾斜。

文弱书生饮酒坏事，剽悍武将同样如此。《三国演义》第十四回记叙张飞驻扎徐州时，一日饮酒过度，乘着酒兴胡闹，打了吕布的丈人曹豹。曹豹咽不下这口窝囊气，串通吕布偷袭徐州。张飞酒后乏力，无法发挥一身本领，落荒而逃，幸赖十八员燕将保护，才冲出重围，结果丢了徐州及刘备家眷，使刘备失去了安身之地。曹操手下战将许褚，力赛两牛，武艺高强，号称"虎痴"，是典韦阵亡后曹魏阵营的头号战将，尤其是他赤膊上阵，豪气冲天，勇斗马超，一时传为美谈。就是这样一员虎将，也因饮酒栽了一个大跟斗。在七十二回中，"褚痛饮，不觉大醉，便乘酒兴，催粮车行"。恰巧遇上张飞，两人交战，本是棋逢对手，将遇良才，可醉酒的许褚让人大跌眼镜，没几下他就被张飞矛挑下马，险些丧了性命。何故？醉酒之过也。许多案例证明，饮酒过度必坏大事，各位饮者应好自为之。

1974 年，笔者在山村插队务农，一日偶然借到《荡寇志》一书，书中第一百二十九回说了一番“酒能成事，亦能败事，不可不饮，不可过饮”的话。从此，在下常用此话为自己喝酒辩护，德高望重的太公不以为然地说：“岂有此理，酒还可以不喝吗？”揆情度理，酒自然可以不喝，太公言之有理，不过今天看来，在某些场合，男人不喝酒还真不行，但不可过量。

（二）何以解忧，唯有杜康——说“酒”

汉代佚名《古诗十九首》对人生有精妙的体会，其中“生年不满百，常怀千岁忧”两句看破人生本质，的确是经验之谈。大脑只要还会想事，忧愁烦恼就会伴随着人类，于是有了众多的解忧方法，酒就是人们经常挂念的灵丹妙药。曹操《短歌行》诗一语点明：“何以解忧？唯有杜康。”

杜康是何方神圣？居然有如此本领，能让人抛弃忧愁烦恼。根据古代文献的记载，原来杜康是造酒的祖师爷。《战国策·魏策二》说：“昔者，帝女令仪狄作酒而美，进之禹。”据此，酒的发明权似乎应归功仪狄。《说郛》卷九十四上《酒经》则说：“仪狄作酒醪，杜康作秫酒。”“酒醪”即酒糟，秫酒乃高粱酒，原来仪狄、杜康各有所长，但相形而言，仪狄造酒传播不广，杜康造酒则影响深远，以致他成了美酒的代称。除了杜康、仪狄造酒之外，民间还流传着一个动听的传说，即酒是猿人发明的。故事说的是几万年前，猿人采果为生，无意中酿造出了酒。对此，吴东平《汉字文化趣释·山猿造酒——“酒”、“酉”两字趣释》一文是如此记叙的：“当我们的祖先巢栖穴居之时，他们主要以野果果腹，野果中含有能够发酵的糖类，在酵母菌的作用下，产生了一种味道香甜的液体，这就是最早的天然果酒。”受此启发，“他们把采集来的野果堆放在一起发酵，造出了香喷喷的果酒”。如此说来，酒也算是大自然对人类的馈赠了。

除了“杜康”之外，酒的别名还有不少，诸如“狂药”、“欢伯”、“酒兵”、“壶中物”、“杯中物”、“忘忧物”等。其中有的名称，道出了酒的神奇功能。在现实生活中，酒是桌上的常客，你三杯，我两盏，使人生增添了亮色。青年人血气方刚，酒后容易冲动，需要妥善引导。旧时长辈往往告诫晚辈，“酒色财气”最易致祸害人，所谓“酒色财气四把刀，迷了心窍自己倒”。基于此，人要力戒“嗜酒”、“好色”、“贪财”、“逞气”。“四诫”之中，酒居然位列第一，足见其诱惑力之强。

“酒”的甲骨文字形是“”，或作“”，金文为“”。古人绘画有画龙点睛之说，“酒”中的水就是点

睛之笔。那飘逸的几点水，象征酒香冲出坛子，沁人心脾。《说文解字·酉部》：“酒，就也，所以就人性之善恶。从水从酉，酉亦声。”“酒”是个会意兼形声字，其造型就是流动的水加酒坛子，坛中酒香飘溢，令人垂涎欲滴，这些都不难理解。

费解的是，在古人心目中，酒居然能成就人性的善恶。它果真有这种奇特的功效吗？我们可以毫不迟疑地回答：有！

几千年来，经过历史的沉淀，汉语中关于酒的熟语很多。诸如“酒后乱性”、“酒助色胆”、“酒入舌出”、“酒后失言”、“酒后吐真言，梦里见真情”、“酒逢知己千杯少，话不投机半句多”等等，不胜枚举。上述几条熟语，都具有一个共同点，即说明人在酒后情绪兴奋，容易展现他的本色。俗话说，是骡子还是马，拿出来遛一遛就知道了。同理而推，是好汉还是孬种，痛饮一顿就见分晓了。站在这个角度看，酒不正是成了检验人性善恶的试金石吗？

一顿狂饮之后，我们不难看到这些场面：有人酒后撒疯，有人酒后沉睡，有人酒后斗殴，有人酒后遐思。人间千姿百态，酒后尽情张扬。苏轼《江城子·密州出猎》词：“酒酣胸胆尚开张。”意思是喝酒尽兴，胸怀开阔，豪情万丈，人的性情就显现出来了。古语说得好：“酒是色中媒”，“酒后见本性”。酒中含有使人兴奋的东西，痛饮之后，饮者豪气冲天，需要发泄剩余精力，为善为恶，就看各人的心地本真如何。如果是仁人君子，终不至于为非作歹；如果是宵小之辈，也许便是非奸即盗了。同是《水浒传》中人，李逵酒后只知乱砍乱杀，他的典型动作是抡起一对板斧，不管三七二十一，对着人群齐齐地砍去，内心充斥着杀人的快乐，人性之恶暴露无遗。武松酒后逞强好胜，自我感觉天下第一，表现了青年人永不服输的个性。他醉打景阳冈猛虎，醉打恶霸蒋门神，显示了他不畏强暴、挑战权威的硬汉本色，但不分青红皂白，血洗鸳鸯楼，也有滥杀之嫌。“一半是天使，一半是魔鬼”这句西方谚语，倒是真实反映了武松的人品性格。同这两人相比，鲁智深的境界就不同凡响了。他酒后痛打镇关西、小霸王周通，都是为了解救良家女子，显示了其路见不平，拔刀相助的侠者胸襟。鲁智深外表看起来粗鲁，内心却有悲天悯人的菩萨心肠。即使是醉打山门，大闹佛寺，他也是不愿受清规戒律的钳制，而渴望冲破思想的束缚，追求心灵的自由。在这些事件中，无论人们怎样吹毛求疵，鲁智深大节无亏，充其量也不过打斗中有所伤人。他的内心深处，从未产生加害他人的念头，正因为如此，不管他人如何闲言碎语，智真长老对他始终青眼相看，满怀期望，而鲁智深也不负所望，终成正果。

鲁智深

古语云：沧海横流，方显出英雄本色。今天，我们也可以说：美酒豪饮，正展现男儿真性。还是曹操《短歌行》说得妙："对酒当歌，人生几何？"各位性情中人，为了不辜负美好时光，让我们开怀畅饮吧！

（三）青春作伴好还乡——说"春"

上文提到过，"酉"本是酒坛子，用以代指酒，故此"酉"部之字多与酒有关，而"春"字指酒却似乎有点莫名其妙，其字形与酒毫无关联。

> 《说文解字·草部》对"春"的解释是："从草，从日。草，春时生也，屯声。"在甲骨文中，"春"的字形是""。其形状是右边是"木"，左上一木，左下是"日"，表意；中间夹着一个"屯"，表音。整个字寓意是春天艳阳高照，草木欣欣向荣。

综上所述，"春"的字形及本义与酒的关系，可说是风马牛不相及，然而古籍中用"春"指酒却不乏其例，尤其在唐代诗文中比比皆是。李白《哭宣城善酿纪叟》："纪叟黄泉里，还应酿老春。夜台无晓日，酤酒与何人？"句中"老春"就是老酒。杜甫《闻官军收河南河北》："白日放歌须纵酒，青春作伴好还乡。"

“青春”的一解就是指酒[①]：有美酒相伴，漫长的旅途不觉孤单，回家真是快乐呀！司空图《诗品·典雅》：“玉壶买春，赏雨茅屋。”这里的“买春”就是买酒，而不是指男人的情色行为。明张子烈《正字通·日部》指出：“唐人名酒为春。”在唐代，骚人雅士咏“春”，已经司空见惯了。

> “春”为什么可以指酒呢？纪德裕先生《汉字拾趣·酒以春名——谈“春”》认为：“古人酿酒，颜色呈黄绿色，像似春色，故称酒为春。当然，还可联想到《诗经》中，‘为此春酒，以介眉寿’的诗句，酒何以称春，与诗有关系。”依照这个分析，“春”指酒有两个原因，一是酒色好像春色，所以用“春”代指酒。二是《诗经·豳风·七月》中写乡民聚会，大家互祝健康长寿，“眉寿”指长寿，“春”、“酒”连用，因词义之间的渗透影响，二者攀上了关系。

“春”指酒有许多例子，如许多酒以“春”命名。唐李肇《唐国事补》卷下说：“酒则有郢州之富水，乌程之若下，荥阳之土窟春，富平之石冻春，剑南之烧春。”书中罗列的一些名酒，

---

① 杜诗中的“青春”一般解作春天，也有人解作酒，这里聊备一说。“青春”可指酒，古有文献用例为证，如明徐渭《挽陈君之配蒋》诗：“陈君辖我饮青春，焦革贤闺酿绝伦。”

不少都含有“春”字。唐人呼“春”为酒，以后历代沿袭，至今未变。时下名酒，含“春”字的为数也不少，如四川的“剑南春”、山西的“竹叶青”是个中佼佼。“青”、“春”常常连用，“青”也是“春”的颜色。

酒是酒客的最佳伴侣，它可引领饮者进入一个梦幻境界。欧阳修《醉翁亭记》说得好：“醉翁之意不在酒，在乎山水之间也。”文中太守与民同乐，酒后忘记案牍之辛劳，陶醉在大自然的美丽风光之中，流连忘返，这就是酒的妙处。《世说新语·任诞》篇毕茂世说：“一手持蟹螯，一手持酒杯，拍浮酒池中，便足了一生。”生活就是如此，试想一下，一边是阳澄湖的大闸蟹，一边是香气扑鼻的老黄酒，这样的诱惑谁能挡得住？这样的生活还有什么不满足？君难道不见，忧愁时，一杯美酒浇心中块垒；欢乐时，一杯美酒抒心中豪情！田园诗人陶渊明境界可谓高远

《西园雅集图》局部之“曲水流觞”

了，被朱光潜誉为“浑身是静穆”，俨然一尘不染，诸邪不侵。然而他终身嗜酒，无怨无悔，临死前的遗憾就是酒没喝够。其《挽歌》三首之一说道：“千秋万岁后，谁知荣与辱？但恨在世时，饮酒不得足。”陶诗豁达之中，流露了淡淡的哀愁，暗含对现实的不满，而能抚慰心灵的东西，对于陶渊明来说，最好的东西只能是酒了。

（四）贵妃醉酒，仪态万方——说“醉”

民间有句俗话：“常在河边走，难免不湿鞋。”同理，大凡常常饮酒之客，都免不了一醉。在人们的印象中，“醉”就是饮酒过量，不是什么好事，“醉鬼”、“醉话”、“醉醺醺”、“醉生梦死”都有不好的色彩。这样说来，“醉”就真的那么不堪，令人讨厌，一无是处吗？事实并非完全如此。“醉”有不足之处，但也不乏可爱的一面，追根溯源，这要从其本义说起。

《说文解字·酉部》：“醉，卒也。卒其度量，不至于乱也。一曰溃也，从酉，从卒。”根据《说文解字》的解释，“醉”是个会意字，“卒”表示“完毕”、“结束”之义，与“酉”结合，表示喝完了酒。喝完了酒，却有两个密切相关而又不尽相同的含义，其一为“饮酒适量”，即饮酒刚好尽了量，又没达到乱的程度。其二为“饮酒过量”，突破了身体的承受能力，一溃不可收拾，即我们现在常用的意义。

“醉”为什么会有两个相关而不相同的意义，这与语言的模糊性有关。而语言的模糊性源于客观事物的复杂性。喝多少算“醉”，从来因人而异，没有统一的标准。即使是同一个人，身体状态的好坏，兴致的高低，酒量也判若两人。《史记·滑稽列传》记叙了这样一件事：齐威王问淳于髡（kūn）能喝多少酒，淳于髡回答说，有时能喝一斗，有时能喝十斗。齐威王问为什么会这样，淳于髡的解释是：如果精神状态很紧张，只能喝一斗；如果精神状态很放松，就能喝十斗。

由此可见，酒量有时难于量化，它因时因人而异，具有动态性。在现实生活中，醉后的表现更是千差万别。有人醉后面目可憎，令人厌恶，所为无非鸡鸣狗盗，杀人掠货之类。难得的是，有人醉后千姿万态，清纯可爱，给人以美的享受。说起来妇孺皆知：饮酒可以天然美容，它比搽胭脂还管用。这就是饮酒最外在的表现——脸红，文言文叫做“酡（tuó）”。《玉篇·酉部》：“酡，饮酒朱颜貌。”通俗一些说，就是饮酒后脸发红的样子。女子饮酒到了这种程度，也算得上“清水出芙蓉，天然去雕饰”。她们不用化妆，却娇艳欲滴，令人赏心悦目！

《贵妃醉酒》曾是传统京剧长盛不衰的表演节目，舞台上的杨贵妃醉后脸若桃花，仪态万方，手摇精致的折扇，踏着凌波微步走来，倾倒无数观众。李清照《如梦令》词："常记溪亭日暮，沉醉不知归路。兴尽晚回舟，误入藕花深处。争渡，争渡，惊起一滩鸥鹭。"词中沉醉的少女，天真烂漫，清纯无邪，浑身洋溢着青春活力，如此醉酒，妙不可言。它与"酣"的境界殊途同归，不正是一种令人神往的美好状态吗？

京剧《贵妃醉酒》剧照

"过量"与"适量"含义有别，看起来截然不同，但有时并非泾渭分明，反而趋于同一。试想林黛玉之类的清纯少女，即使醉了也是温柔淑静，令人喜爱，这种醉酒的状态与他人适量并无二致。至于《红楼梦》中的焦大，喝醉了就会撒酒疯，说什么"红刀子进去，白刀子出来"，《水浒传》小霸王周通之流，即使饮酒适量，他借着酒劲做出来的事，无非也是打架斗殴，欺男霸女之类，这与酩酊大醉，为所欲为的小人有何不同？

如此看来，"醉"其实有两个视角。其一为饮者自己的感觉，所谓"春江水暖鸭先知"。饮酒是否醉了，饮者心知肚明，他自己最有发言权，旁人不能越俎代庖。然而，世上事物往往是复杂的矛盾体，它具有充分的两面性。《庄子·齐物论》说得妙："鯈（tiáo）鱼出游从容，是鱼之乐也。"鱼之乐也好，鸭觉暖也好，说穿了，并不全是鱼与鸭的感受，而主要是庄子与苏轼的观感，是他们以自己的情感来体验他物的情感。把这移用到饮酒中，所谓过量与适量，通常是旁人通过饮者的表现来判断的，这就打上了较强的主观烙印，使得二者具有了一定的灵活性。事实上，饮者的身体感觉如何，他人很难准确把握，因而酒桌上时常出现这种情况：饮者自己口口声声说“喝高了”，“喝高了”，坚决表示不能再喝了，而旁人却使劲撺掇，“没喝够”，“没喝够”，一定要对方再接再厉，一干到底。适量还是过量？双方的感受截然相反，这大概就是饮酒的辩证法及劝酒文化在酒桌上的反映吧。

（五）饮酒之道，“酣”而不“酗”

饮酒雅俗共赏，是有品位的举止。但凡事不可过度，如果一味酗酒，则会走向反面，变得声名狼藉。“酣”与“酲（chéng）”都是饮酒的状态，但表现却大相径庭：前者表示饮酒尽兴，恰到好处；后者表示饮酒过度，损害身心。

《说文解字·酉部》：“酣，酒乐也。从酉，从甘，甘亦声。”“酣”是个会意兼形声字，“甘”既表意，也表音。为了更好地理解“酣”字，我们先说说“口”和“甘”字的构形。《说文解字·口部》：“口，人所以言食也。象形。”甲骨文“口”的构形是“”，构形惟妙惟肖，活像人的嘴巴形状。说完“口”字，再来看

“甘”字。《说文解字·甘部》：“甘，美也。从口含一。一，道也。”“甘”是个会意字，本义为美味，甲骨文的构型是“”。整个字形就是嘴巴里含着美食，简直呼之欲出。

当然，许慎说嘴巴里含着“道”，似乎有点牵强附会。“甘”字在商朝就造出来了，当时社会生产力水平较低，世人只认吃饱饭这个硬道理，而“道”太抽象，人们对它不会太感兴趣，自然不会含在嘴里。这个道理其实不难理解，人类只有满足了衣食住行之类的需求，才有心情从事其他各类社会活动，才会对所谓的“道”产生一点点兴趣。

通过以上对“口”、“甘”的解析，我们对“酣”字加深了几分了解。美酒伴佳肴，一口又一杯，该是多么痛快淋漓，多么令人心神向往！可俗话说得好：“乐极生悲。”大家本来喝得快快乐乐，可千万别喝过了度，喝过了度就是酗酒，那可就不好收拾了。

关于“酗”字，大家一看就知，它是个形声字，“凶”是声旁，只表音不表义，但依据传统解析汉字的习惯，我们对“凶”望文生义，它就不仅仅是表音了。“甘”的古字形就是美食含在口中，它具有甘甜可口之义，“酣”当然就是好事一桩了。反之，“凶”字含有

“凶恶”、“不幸”等义，显得一片肃杀之气，因而很不吉利。据此推论，“酗”字的右边是“凶”，肯定不是什么好事。

综上，“酣”就是喝酒喝得快乐，正所谓“吃酒图醉，放债图利”。喝酒不尽兴则索然无味，但凡事不可走极端，如果再往前走，变成酗酒，就可能产生悲剧了。俗话说：“物极必反。”酣与酗酒反差极大，但彼此之间并非界线分明，有时二者仅一线之隔。酒能成事，也能败事。成事者，酒酣也；败事者，酗酒也。如前所述，武松醉打蒋门神，多亏了酒的功劳，一身功夫发挥到极致。可曾几何时，武松血溅鸳鸯楼之后，因醉卧旧庙里，落入四个小毛贼之手，险些丢了性命。无独有偶，武松在孔家庄饮酒过度，虽打赢了孔亮这个小角色，却因烂醉如泥，瘫倒在雪地上，被孔亮五花大绑，受到凌辱。林冲手刃陆谦、富安之后，性情大变，以致无理取闹，殴打酒店伙计，同样也因烂醉如泥，倒在雪地上。面对店家的追捕、殴打，林冲只有束手待毙，幸赖柴进救援，方转危为安。

醉打蒋门神

《论语·乡党》篇说得好：“唯酒无量，不及乱。”孔子很讲究吃喝，例如没有调味的酱醋，不吃；席上肉很多，但吃肉不能超过主食。唯独对酒不限量，因人而异，但要求不要喝得乱七八糟，以致败坏大事。此乃深谙饮酒之道。反之，不懂酒道者恰恰一喝就乱，一乱就不可收拾，贻误大局。历史上，因沉湎酒色而失去江山者为数不少，商纣王可说是这方面的典型。据《史记·殷本纪》记载：纣王“以酒为池，县（古‘悬’字）肉为林，使男女倮（同‘裸’），相逐其间，为长夜之饮”。纣王建酒池肉林，恣意取乐，荒淫无耻，滥杀无辜，最终丢了江山，留下千古骂名。历代亡国之君不察前车之鉴，步纣王之后尘者大有人在，如秦二世、隋炀帝、宋徽宗之类，概莫能外。

（六）男儿喝酒应当“酷”

一说起“酷”，我们的脑海里往往会联想到“残忍”、“凶恶”的形象，比方说“酷吏”、“酷刑”、“残酷”等词，都含有贬斥色彩。改革开放以来，西风东渐，“酷”字慢慢成了一个时髦的字眼，尤其是不甘寂寞的男子，对它更是趋之如鹜。受英语单词“cool”的影响，“酷”今多指男子外貌帅气潇洒，神情冷峻刚毅，个性鲜明突出，这样的男人怎能不令一些前卫女子心动！回想20世纪七十年代末，日本电影《追捕》风靡中国，片中男主角高仓健一亮相，“酷”得让不少女子春心荡漾。奈何她们缘悭一面，无法会晤心仪之人，于是心生不满，抱怨国人缺乏男子汉气概，因而声称“上穷碧落下黄泉”，一定要找到中国的高仓健。

打这时起，“酷”字就逐渐咸鱼翻身，时来运转了，由昔日的面目可憎，变得如今这般风光。这当中自然有着复杂的社会原因，值得社会学者深入探究一番，而作为文字爱好者，笔者感兴趣的是：“酷”字的本来面目是什么？它的意思产生了怎样的变化？寻根溯源，“酷”的本义是什么呢？如果陡然间提出这个问题，你也许根本不会想到，不过根据拙作的主题，仔细琢磨它的形体，顺藤摸瓜，诸君大概就能猜个八九不离十了。如前文多次提及，从“酉”的字多与酒脱不了关联，“酷”字也不例外。

《说文解字·酉部》指出：“酷，酒厚味也。从酉，告声。”《玉篇·酉部》也指出：“酷，酒味厚也。”根据两部辞书的解释，“酷”是形声字，指酒性猛烈。“告”是声旁，不表示意义，所以不必分析它的结构。

“酷”的这个含义，有文献用例为证，如《吕氏春秋·本味》：“甘而不哝，酸而不酷。”句子大意是说“酒的滋味甜而不稠，酸而不烈”。宋吴文英《梦窗词·西子妆》：“流水曲尘，艳阳酷酒。”“酷酒”，就是酒性猛烈的酒。

依照江湖规矩及民间风俗，会喝酒尤其是会喝烈酒是男人的标准之一。酒的浓度高，水分少，喝起来才够味。至于“三杯两盏淡酒，怎敌他，晚来风急”，那是李清照等女流之辈的小打小闹。高大威猛的男子汉，应当“三杯两盏烈酒”，小菜一碟，眉头不皱。诚如电影《红高粱》中的《酒神曲》所唱：“喝了咱的酒，一人敢走青杀口。”酒壮人胆，古今一般。电影中，恐怖的青杀口，谈之色变，但几杯烈酒下肚，也就不在话下了。

《酒神曲》（出自电影《红高粱》）

1974年秋，笔者插队山村近一年，生活十分艰辛，寂寞无聊，我们免不了寻找刺激，讲鬼怪故事成了生活的一大乐趣。久而久之，《聊斋志异》之类的鬼故事已吊不起我们的胃口，我们渴望亲临其境。年轻人好胜，一日晚上，几个同伴闲坐，突发奇想，打起赌来，谁敢半夜到坟墓边上去睡上一觉，奖他一碗烧酒。村民憨牯二话不说，猛灌一通烈酒，在我们几人远远的目送下，消失在半山的坟墓边。次日，他如愿以偿，得到了一碗劣质烧酒作为奖赏。女人爱香水，男人爱烈酒，天南海北都一样。

烈酒浓度高，刺激性强，不擅长此道者，千万莫逞能，也许酒还没入喉就吐出来了。即使是行家里手，也不宜多喝。有道是：“酒多伤身，气大伤人。”日常生活中，人们适当饮饮酒，可以舒筋活血，沟通感情，抒发心中块垒，但切不可贪杯，物极必反。无论多棒的身体，烈酒多喝势必自残。人皆说，不是猛龙不过江，诸君如果没有两下子，还是喝低度酒为好，即使是魁梧猛男，也不要为争虚名，互相拼个你死我活。那样，则违背喝酒的初衷了。

（七）只有“饮”者留其名

杯中之物，到底有何魅力，竟让人如此神魂颠倒！李白《将进酒》诗句“古来圣贤皆寂寞，惟有饮者留其名”或多或少道出了一些缘由。饮酒有些什么好处，诸君如欲详知个中原委，笔者就从“饮”字说起吧。

“饮”的繁体是“飲”，含义为“喝”，此字《说文解字》未收。要追寻“饮”的本义，须从其古字形说起。在商朝的甲骨文中，“饮”字屡有现身，其形体是“”。整个字形像一个人伸长脖子，张着大嘴，吐出舌头，向着下面的酒坛子猛喝一气。通过分析，我们不难明白，“饮”就是一个酒客贪婪地伸出大嘴，对着酒坛子喝个不停。后来，“饮”的形体逐渐发生变化。在金文中，“饮”变身为“”，与甲骨文大同小异，但左上变成“今”，充当声旁，右边仍是一个站着的人，张嘴喝酒的形状依然不变。

以上字形分析告诉我们：“饮”的构形就是痛饮不止，一醉方休。这是酒桌上较为流行的饮酒之道。难怪李白《将进酒》会说："人生得意须尽欢，莫使金樽空对月。天生我材必有用，千金散尽还复来。烹羊宰牛且为乐，会须一饮三百杯。"诗句极尽铺排夸张之能事，表现了酒桌上的流行规矩，真是世事洞明，人情练达，可算古今酒仙知音。舞场上历来推崇善舞者，赵飞燕以掌上舞赢得粉丝无数；酒桌上自然推崇善饮者，善饮者同样可以博取美名。想当初，郦食其以儒生面目拜见刘邦，刘邦拒不见面。郦食其赶快改称高阳酒徒来了，刘邦的态度立马来了个急转弯，答应会晤郦食其。由此看来，在某些场合，"酒徒"是一张风光无比的通行证。科场有科场的规则，江湖有江湖的规则。男人出去闯天下，不会喝几杯是不行的，善饮也是扬名立万的一个途径。

古今军人征战疆场，酒最能壮胆鼓劲。基于此，双方大决战之前，主事者往往都要以酒犒劳将士，一则激励士气，二则享受一番。王翰《凉州词》诗："醉卧沙场君莫笑，古来征战几人回？"事实确实如此，大战之后，死者不计其数，正所谓"凭君莫话封侯事，一将功成万骨枯"。怎不趁死前多喝几杯，做个饱死鬼。谚语说："三杯和万事，一醉解千愁。"对酒客来说，他们只要有几杯酒，一切不愉快的事都可忘掉。难道不是吗？都说人生不如意之事十之八九，酒客便是靠酒来打发忧愁烦恼了。

西晋时期，司马氏当政，朝政十分腐败。阮籍、嵇康、山涛、向秀、阮咸、王戎、刘伶等七人隐居竹林，世人称之为"竹林七贤”。他们极其痛恨黑暗现实，但又无力回天，只好借酒浇愁，发泄心中不满。阮籍曾经连醉六十天，以此来婉拒司马昭联姻的请求，终于迫使后者放弃了这个意图。刘伶更是忘乎所以，狂饮不止。据《世说新语·任诞》篇描写，刘伶总是放浪形骸，毫不节制地喝酒，有时喝得兴起，就在家里脱得一丝不挂。恰好朋友们拜访，看见刘伶这般模样，就忍不住指责他。刘伶反唇相讥：“我把天地当房子，房子当衣裤，各位为什么要跑到我裤子当中来呢?”

《高逸图》之刘伶（唐·孙位）

目睹人间种种不平，喝死了拉倒，大概就是刘伶的真实心态。有趣的是，他出门时总是边走边喝，同时让一个仆从拿把锹跟着自己，并直率地告诉他，如果我喝死了，就随便把我埋掉。刘伶当然没有真的喝死，也没听说喝出了什么大毛病，而是依然潇洒地活着。他如此忘情喝酒，喝得天昏地暗，倒是符合“饮”字的造字理据，只不过太过极端了，我等平凡之人千万不要效仿。

六、饮酒篇（中）

（一）从“三碗不过冈”说起

小时候听故事，每当听到武松一口气喝了十五碗烈酒，远远超过了“三碗不过冈”的限定，不由得肃然起敬，佩服不已。同时，孩稚的心未免会琢磨一番：究竟是什么烈酒，居然能喝这么多。长大后，才知那不过是文学作品的夸张，不要过于当真。

前些年，参加一次学术研究会，几个古典文学专家谈得眉飞色舞，我走过去凑热闹。原来他们正在讨论武松景阳冈喝的是什么酒，其中一位仁兄兴致勃勃地说：“武松在那种偏僻的穷地方，肯定喝不到好酒，他喝的应是劣质淡酒，所以才能喝那么多。《水浒传》人物中，柴进喝的才是好酒。”听了一番高论，笔者豁然开朗，原来专家也在细节上较真。想想也是，文学创作虽说是可以虚构，但也必须源于生活，符合实情，不能过于离谱，否则如《说唐全传》中李元霸、雄阔海之类的人物，表面上威风八面，实则形象苍白，缺乏生命力。

仔细琢磨这位专家的话，也不乏可商榷之处。柴进富甲天下，固然喝的是好酒，武松却未必喝的是劣酒，穷地方自酿的酒有时货真价实，比名酒还好喝。说直白一些，其实好酒与坏酒，没有绝对的标准，现在一些世人心目中的好酒，无非是所谓的档次高、价格贵、名气大而已。但如果掺了塑化剂的茅台、五粮液，其营养价值就肯定比不上自酿的米酒。对于孕妇、未成年人和不喜烈性酒的人，再好的汾酒、水井坊也比不上普通的酒酿。这样一想，我孩提时代的问题又冒上心头：武松到底喝的是什么酒？

我们要搞清这个问题，最好还是让作品自己回答。小说中酒家说道："俺家的酒虽是村酒，却比老酒的滋味。""初入口时，醇醲好吃"。这是酒家伙计说的话，并得到武松肯定，小说中武松也说："这酒好生有气力！"

结合两人的说法，武松喝的酒就能猜个八九不离十了，他喝的应是掺水少的陈年老黄酒，因存放时间较长，所以后劲大。这种酒浓度高，学名为"醹（rú）"，是厚酒，俗称老酒。

《说文解字·酉部》："醹，厚酒也。"同它一类的酒还有"酎（zhòu）"。"酎"是反复酿成的醇酒，《说文解字·酉部》："酎，三重醇酒也。"所谓三重酒，王宁《〈说文解字〉与中国古代文化·〈说文解字〉中反映出的古代酒文化》认为就是"把酒当作水，再重复酿两次，就叫三重酒。古人之所以要这样做，目的是想提高酒的纯度（酒精度）”。

上述几种酒，其共同点是味道比较稠。如要进一步细辨，古代酒类可谓名目众多，各具特点，为口味不同的人群提供了充分的选择余地。下面，我们从相应的汉字入手，将古人的常饮酒类做个简单介绍。

从时间上看，酒有腊酒、春酒、秋酿。陆游《游山西村》诗：“莫笑农家腊酒浑，丰年留客足鸡豚。”诗句写出了农民热情朴实，待客周到的性格。句中“腊酒”，指上一年腊月酿造的酒。腊酒，江西方言称为“冬酒”，指冬天酿造，春夏饮用。“春酒”指春天酿造秋天成熟的酎酒。“秋酿”则指秋天酿造的甜酒。

从颜色上看，酒可分为白酒、红酒、黄酒、绿酒。《本草纲目·谷部·造酿类》指出：“红曰醍（tǐ），绿曰醹，白曰醝（cuō）。”今天的白酒在宋代还未出世，详见下节。此外，古今都有不常见的绿酒。前已述及，有的酒呈翠绿色，所以古人把酒称为“春”、“老春”，今山西名酒竹叶青也是浅绿色的酒。

从清浊纯度上看，酒可分为多种。例如清酒、浊酒。“醪”是浊酒。

《说文解字·酉部》：“醪，汁滓酒也。”此指带糟的酒。《三国演义》开场诗：“一杯浊酒喜相逢，古今多少事，尽付笑谈中。”过滤去掉糟滓的酒叫清酒。度数低，水分多的酒叫“醨”，俗称薄酒、淡酒，极淡的酒叫“玄酒”。女孩子家，体质不如男子，多喜饮淡酒。李清照《声声慢》词：“三杯两盏淡酒，怎敌他晚来风急！”“醴”是甜酒，度数不高，人人爱喝。《说文解字·酉部》：“醴，酒一宿孰也。”一夜成熟，水分稀少，新鲜好喝，男女老少都喜爱。

除此之外，根据酒的具体特点，王学泰《华夏饮食文化·饮食文化的昌明时代》认为“还有调以香料的‘桂酒’……用以医疗的‘醪酒’（即药酒）……用果品酿的‘葡萄酒’、‘甘蔗酒’”。诸如此类，酒还有不少花样，在此不一一列举。罗常培《语言与文化·从造词心理看民族的文化程度》指出：“栗粟语的酒名有五种之多，足征他们是一个好喝酒的民族。”栗粟语的酒名固然不少，但同汉语相比，恐怕要略逊一筹了。上面所举酒名，仅是管中窥豹，远未穷尽探讨。纵然如此，酒的称呼已是五花八门，令人眼花缭乱。观察角度不一，酒的称呼就变了。杯中之物，就是这样变化多端，难以捉摸。难怪前辈对它如此迷恋，作为后辈的我们，应该适当继承爱酒这一悠久的历史传统。

农家腊酒

（二）舒筋活血说白酒

对于许多饮客来说，饮酒就是寻求刺激，因而如何提高酒中的酒精纯度，成了他们心中梦寐以求的愿望。在当今日常生活中，狭义的“会不会喝酒”，其实就是指喝白酒。试想，度数不高的甜酒，一口喝下去，从头暖到脚，甜味沁人心脾，连三岁小孩都甘之若饴，还有谁不会喝，傻子才不喝呢！

白酒，俗称烧酒，一直到元代才姗姗来迟。《本草纲目·谷部·烧酒》认为：“烧酒非古法也。自元时始创其法，用浓酒和糟入甑，蒸令气上，用器承取滴露……”对于李时珍的观点，也有不同看法，有人认为白酒产生于南宋，甚至有人主张白酒早在汉代已经诞生，此不详辨。总之，酒在文学作品中出现频率极高，然而宋元前，诗词文赋乃至小说戏曲等都没提到今日之白酒。当时文献中的“醝”或白酒，其实是指乳白色的米酒，我们据此断言白酒或说烧酒元以前未问世，总不为大谬！

饮酒的动因很多，寻找刺激就是其中之一。古人绞尽脑汁，把酒酿来酿去，试图提高酒精浓度，但结果并不理想。俗话说，失败是成功之母。经过反复的实验，先辈们灵感突发，意识到蒸馏在制酒中的重要作用。所谓“蒸馏”，《现代汉语词典》认为就是“把液体混合物加热沸腾，使其中沸点较低的组分首先变成蒸气，再冷凝成液体，使之与其他组分分离或除去所含杂质”。经过这道程序的加工，然后进行贮存、勾兑等工序，白酒就诞生了。

历尽曲折，古人最终开窍，白酒应运而生，来到人间。它一问世，便迅速风靡天下，后来居上，压过了其他酒类的风头。试想一下，千百年的追求，千万人的梦想，一代又一代的锲而不舍，如今终于品尝到了成功的果实，能不让众多酒客欣喜若狂吗？

白酒缘何能够独占鳌头，成为酒中奇葩，具有一定的背景。一方面，是因了地理因素的影响。北方大地，一到冬季，朔风凛冽，刺骨寒心，白酒成了御寒的法宝。几杯白酒下肚，舒筋活血，浑身上下顿时暖烘烘的，那个爽快劲就甭提了。《南史·王玄谟传》："白醝解冬寒。"此话一针见血，道出了酒的重要功能。其实，这里的"白醝"只是度数相对较高的米酒，还不是真正的烧酒，烧酒的御寒功能更加突出。无怪乎俄罗斯人、东北人酷爱饮用烈性酒，地理环境使然。另一方面，或许是大男子心理因素作怪。《论语·雍也》："文质彬彬，然后君子。"这是孔子标榜的做人准则，体现了儒家"温柔敦厚"的审美价值观，长期被人奉为信条，是古代社会的主旋律。然而，民间江湖还是有自己的天地，喝酒是男人的事，既然要喝，就要图个痛快，别像女子一样忸怩作态。白酒没问世时，大凡妇孺都能喝几口，酒量之高下有时难于立判。如今白酒出来了，酒量便高下立见，更能体现男人的雄风。俗话说：没有金刚钻，莫揽瓷器活。一杯烈性高度白酒摆在那儿，对不善饮者简直是艰难的考验。在它的面前，不少人甘拜下风，这便满足了一些好胜者的虚荣。

弹指之间，好几百年过去了，白酒依然高屋建瓴，笑傲其他颜色类型的酒，并形成了名牌辈出、百酒争艳的盛景。诸如汾酒、洋河、董酒、郎酒、四特，个个卓尔不凡；水井坊、剑南春、古井贡、金门高粱、泸州老窖，家家别有风味。而当之无愧的酒中泰斗，当属茅台与五粮液。二者分别成了酱香型与浓香型的巨子，它们犹如诗中李杜，难分轩轾；又如杭州西湖旁的北高峰与南高峰，双峰并峙，直插云霄。其他群酒不能望其项背，徒叹奈何！

与黄酒、红酒、啤酒等相比，白酒显然高出一筹，更受国人青睐，可惜宋元以前的饮客无福享用。对此，著名数学家华罗庚曾赋诗一首说道："名酒五粮液，优选味更醇。省粮五百担，产量增五成。豪饮李太白，雅酌陶渊明。深恨生太早，只能享老春。"①

诗中咏赞的五粮液，可看作是优质白酒的代表。当然，白酒虽美，但并非老少咸宜。它令一些人神魂颠倒，又让一些人望而生畏，这或许正是其魅力所在。诗曰：一杯白酒喜相逢，古今多少事，尽付笑谈中。

---

① 转引自吴澎主编《中国饮食文化·中国酒文化》，化学工业出版社 2012 年版。

酒中泰斗——茅台与五粮液

（三）兰陵美酒郁金香，玉碗盛来琥珀光

中国人好酒，仅国产酒的品牌就不计其数，要对其进行分类具有一定难度，何况古今分类方法也不尽相同。现在人们习惯上把国产酒分为白酒、黄酒、果酒、啤酒、药酒五大种类。五种酒各有特点，虽不是均分天下，但除了药酒之外，其他四类都各有较大的地盘，基本上能分庭抗礼。上一节谈了白酒，这一节谈谈黄酒。

黄酒是颇具中国特色的酒类，在古代长期独领风骚。从元代开始，其领军地位逐渐被白酒取代。李白酷爱黄酒，并为其写下了无数动人诗篇，如《客中行》："兰陵美酒郁金香，玉碗盛来琥珀光。但使主人能醉客，不知何处是他乡。"这里的兰陵美酒便是古代著名的黄酒，备受酒客喜爱，就连李白这样的饮酒行家饮了它，都产生了宾至如归的感觉。

兰陵黄酒色香味皆美，饮后余香满嘴，回味无穷。关于兰陵黄酒的特点，《本草纲目·谷部·造酿类》说得很透彻：“兰陵美酒，清香远达，色复金黄。饮之至醉，不头痛，不口干，不作泻。其水称之，重于他水，邻邑所造俱不然，皆水土之美也。”

李时珍对兰陵黄酒的高度评价，确是内行所言。醉酒后的不良反应，在兰陵黄酒这儿失灵了，尤其饮酒过量后的头痛，俗称“上头”或“打脑”，是醉酒的严重后遗症，这也是劣质酒的最大弱点。可以说，醉酒之后是否头痛，是衡量酒质高下的根本标准，在这方面，兰陵黄酒交出了令酒客满意的答卷。

兰陵酒出产于山东省苍山县兰陵镇，酿制历史悠久，兰陵美酒股份有限公司用民谣的形式，生动地介绍了自己的生平，歌词如下：

秦酿酒，汉王藏，唐诗美酒琥珀光。

宋元明清三千载，世世代代酿陈香。

歌词告诉我们，兰陵美酒传承几千年，倾倒无数酒客。那飘溢的酒香，令人多么向往！不过客观上说，兰陵酒已今不如昔，其发展势头大为减弱。受大环境影响，兰陵美酒现已转型，主攻白酒，但比起茅台、汾酒、五粮液、剑南春这些名满天下的名酒，显得有点冷清。虽说当今是白酒的世界，但黄酒依然拥有庞大的市场。在这方面，兰陵黄酒比起绍兴黄酒，也显得逊色。绍兴黄酒在白酒的挤压下，依然能够不断攻城夺地，扩张市场，保持稳步上升的势头。例如绍兴花雕酒、绍兴加饭酒有口皆碑，风靡全国，其成功经验值得借鉴。

绍兴黄酒除了本身出色之外，与其地方风土人情密切相关。江苏、浙江、上海一带，嗜好黄酒的人非常多。在这块土地上，绍兴黄酒很有市场，这样一来，它就拥有了一个固定而庞大的粉丝群体。鲁迅特别爱喝家乡酒。酒催发了他写作的灵感。鲁迅小说《孔乙己》多次描写孔乙己在咸亨酒店饮酒的场面，一碟茴香豆、一碗家乡酒，孔乙己饮酒的生动情景，伴随着小说深深印刻在几代人的脑海中，其广告作用完全可同李白诗歌相媲美。从某个角度来说，它已成了永恒的经典，为绍兴酒冲出浙江，走向全国助了一臂之力。

二十世纪九十年代，笔者曾两次前往绍兴，慕名光顾两个不同的咸亨酒店。其一是小酒店，尽量原汁原味，维持小说原貌；另一是大酒家，美轮美奂，焕然一新。大小两个酒店来客均络绎不绝，简直要踏破门槛，而绍兴酒与茴香豆几乎是必不可少的看家酒菜，孔乙己的宣传作用发挥得淋漓尽致。如此看来，在白酒领导饮酒潮流的局面下，黄酒不应妄自菲薄，而应扬长避短，张扬个性，开创出一片新天地。虽然如今的一些酒家，白酒、红酒、啤酒样样俱全，唯独不备黄酒，使人扫兴，但普通市民、农家自酿的酒多半是黄酒。从这个角度来看，黄酒完全能与白酒、红酒、啤酒一争天下。不过如今一提起黄酒，大家就自然想到绍兴黄酒，有人甚至把黄酒叫做绍兴酒，简称绍酒。相形之下，兰陵黄酒就有点寂寞了。看来，不管白酒与黄酒，兰陵美酒要重振昔日雄风，与天下名酒一争长短，从而不负李白诗歌的盛誉，尚是任重道远，来日方长。

黄酒——女儿红

绍兴黄酒酿造模型

（四）葡萄美酒夜光杯，欲饮琵琶马上催

果酒是酒中的一大门类。说起果酒，人们自然而然地想到葡萄酒。而说起葡萄酒，则首推红葡萄酒。尽管葡萄酒有不同的颜色，红酒也并非全由葡萄酿成，但最有名的红酒是红葡萄酒，它也成了红酒的代名词。

饮酒一事，华夏大地极为盛行，但社会上历来对它存在偏见，不少人认为饮酒是沾染了江湖上的不良习气。客观上讲，这恐怕是豪饮惹的祸。平时生活中，人们看惯了豪饮客醉酒的种种不良表现，因而形成了根深蒂固的思维定势：认为酒徒多半喜欢惹是生非。事实上，豪饮客多半不会饮红酒，他们饮的是白酒或黄酒。至于饮红酒，则被视为高雅之事，尤其受到女性的青睐。古往今来，饮酒一般被视为男人的事，传统妇女不大饮酒，要饮也是度数很低的甜酒。

近年来，经济改革，思想解放，许多人的腰包鼓了起来，性格也豁达起来了。在这种背景下，一些女子学会了饮酒，但对白酒大都浅尝辄止，唯独红酒是女性的至爱。那玫瑰的色彩，引领女性进入一个梦幻的天地，让她们联想到青春的浪漫以及生活的美好。相比白酒、老黄酒，红酒度数较低，缺乏后劲，不容易醉人，比较适合女性。红酒的颜色与女性酒后泛红的脸蛋交相辉映，也是相得益彰，让人遐想联翩。

红酒在古代称做“醍”，但并非仅由葡萄制成。诸如杨梅、草莓、樱桃等水果乃至桑葚、金樱子都可制作红酒，当然葡萄酒最为著名。至于葡萄酒在中国的起源，学术界存在两种对立的观点。一种观点根据《史记·大宛列传》的记载，认为张骞出使西域时，带回了葡萄及葡萄酒的酿制工艺，因而葡萄酒是舶来品；另一种观点认为早在三千多年前，中国人就懂得用果品酿酒，其中包括葡萄酒，因而葡萄酒是国产酒。

葡萄酒在中国到底是如何起源的，这里不展开讨论。史载张骞出使大宛时，发现当地盛行葡萄酒，有的富人收藏葡萄酒竟然多达一万余石。张骞回国后，葡萄酒渐渐时髦起来。《太平御览》卷九百七十二《果部九》提到一个案例，东汉末年，扶风有个叫孟他的人，把一斛葡萄酒送给了太监张让。张让作为回报，立马任命孟他担任凉州刺史。此事说明了葡萄酒非常珍贵，在某些达官贵人的眼里，它成了身份的象征。

唐代是中国鼎盛的朝代，葡萄酒也曾昙花一现。许多诗人咏赞过葡萄酒，例如王翰《凉州词》诗：“葡萄美酒夜光杯，欲饮琵琶马上催。”将士们就要浴血奋战了，饯行的东西就是葡萄酒，英雄美酒相互映衬，真是壮怀激烈感人心。又如刘禹锡写了著名的《葡萄歌》诗：“有客汾阴至，临堂瞪双目。自言我晋人，种此如种玉。酿之成美酒，令人饮不足。为君持一斗，往取凉州牧。”刘禹锡诗中透露，那时种葡萄、酿制葡萄酒已经具有一定的人气，占有了一定的市场，甚至成了步入官场的敲门砖。元代蒙古人入主中原，这个马背上的民族喜欢饮用葡萄酒，在社会上产生了一定影响，不过多数汉人依然偏爱喝黄酒。

综观上下两千年，葡萄酒虽然薪火相传，在中国这块土壤上顽强生存下来了，但整体而言，它除了偶尔露峥嵘之外，多数时间并不大走俏。在古代中国，黄酒的身影无处不在，元以后又是白酒当道，葡萄酒并未全面渗透百姓的日常生活。同黄酒、白酒相比，葡萄酒简直自惭形秽，抬不起头。直到 1892 年，受西风影响，华侨张弼士在烟台创办张裕葡萄酒，它才开始了新的征程，并最终在中华大地上茁壮成长，蔚为大观，在酒类世界占有一席重要之地。

俗话说：红花虽美，还需绿叶衬托。这是生活的常识。同理，好马配好鞍，美酒需美器。红红的葡萄美酒，如果配上精美的酒器，再由红颜将其优雅地端起，就更显尊贵高雅，品质不凡。如果说，饮白酒请女人走开，它是男人的事；那么，饮红酒就应当把女人请来，这样才更有情调。如果大家聚会饮红酒时缺少了红颜，那场面将是大煞风景的！

张裕葡萄酒

（五）借问酒家何处有，牧童遥指杏花村

牧童遥指杏花村

唐代杜牧所作的《清明》，是一首脍炙人口的好诗，诗曰：“清明时节雨纷纷，路上行人欲断魂。借问酒家何处有？牧童遥指杏花村。”杜牧或许没想到，在不经意之间，这首诗成了一个很好的广告，为一种美酒做了最好的宣传，这种酒就是驰名中外的汾酒。

汾酒出产于山西省汾阳市杏花村酒厂，它甘润纯净，清爽醇和，是清香型白酒的代表。欧阳修《醉翁亭记》：“酿泉为酒，泉洌而酒香。”① 水质清洌是美酒

① “泉洌而酒香”：也作“泉香而酒洌”，窃以为前者较佳。

飘香的前提，汾酒质量卓越，得益于水质优异。汾酒产地杏花村有一口古井，味道清冽甜润，饮起来凉透心脾。井水尚且如此，用它配以高粱等原料，再经过精致的制造工序，最终酿出的美酒自然妙不可言。

汾酒

汾酒成名由来已久，更早的经历就不谈了，至少在南北朝时期，汾酒已经质量优秀，名扬天下。《北齐书·文襄六王传》记载，当时的北齐皇帝高湛在晋阳，写信给河南康舒王高孝瑜说：“吾饮汾清二杯，劝汝于邺酌两杯。”这里的汾清酒就是汾酒的前身。高湛以帝王至尊，喝了汾清酒之后，就迫不及待向亲爱之人推荐，足见此酒何等卓越尊贵！到了唐代，伴随着国运昌盛，汾酒也已经远近扬名。杏花村，这个富有诗意的名字，引得无数酒客翘颈以望，成为远近闻名的饮酒圣地，也成了酒家的代称。两宋时期，汾酒沿袭了前朝的辉煌，宋张能臣《酒名记》罗列天下名酒，提到了汾州甘露堂，说的也是汾酒。发展到清代，汾酒进入顶峰时期，俨然天下第一。李汝珍所著小说《镜花缘》第九十六回描写了这样一个故事：

唐代武则天当政晚期，为了维护李唐正统，众位忠臣义士图谋拥戴唐中宗复位，并起兵攻打武氏兄弟。某一日，文芣（xiǎo）

奉命攻打武四思的“酉水阵”，他信步走进一个酒店，同酒保打起了口水战，两人唇枪舌剑，互不相让。文芣扬言要喝尽天下名酒，酒保立刻捧来一个粉牌，上面写着各地名酒五十五种。文芣瞩目望去，汾酒赫然位居第一。

小说写的虽是唐代的事情，反映的却是清人的认识。由此可见，在清人的心目中，汾酒简直就是酒国领袖，在天下酒客心中笼罩着一圈神圣的光环。

如上所述，汾酒历代享有盛誉。说起来，连茅台都沾过它的光。据 1939 年所编《贵州经济》记载：“在满清咸丰以前，由山西盐商某，来茅台地方，仿造汾酒制法，用小麦为曲药，以高粱为原料，酿造一种烧酒。后经陕西盐商宋某、毛某先后改良制法，以茅台为名，特称茅台酒。”① 尽管从道理上讲，元代以前的汾酒应是黄酒，现在它虽已转型为白酒，但其水质、技术、名气一脉相承，这为汾酒的腾飞创造了良好的条件。在市场经济的年代，酒香也怕巷子深，明珠暗投没人闻。再好的东西，如果不会推销，很可能就会“养在深闺人未识”。反之，一个百姓喜闻乐见的好广告，可使产品遐迩闻名，对于商品推销具有重要作用。愿汾酒充分发挥杜牧诗歌的广告作用，进一步修炼内功与外功，力争百尺竿头，更进一步，重铸鼎盛时期的辉煌！

---

① 转引自吴澎主编《中国饮食文化 · 中国酒文化》，化学工业出版社 2012 年版。

（六）爱不释手“竹叶青”

一看到这个标题，一些非酒国中人也许会感到纳闷：“竹叶青”这种剧毒的蛇，躲都来不及，谁还敢爱不释手。太古时期，蛇曾是人类的头号杀手，以致人类谈蛇色变。

“蛇”的古字本作“它”，甲骨文为“”，或作“”，像蛇的形状。

多少个清晨，人们一觉醒来，发现一些生龙活虎的同伴晚上被蛇咬死。久之，晨起人们相见的问候语就是“无它”，“无它”就是“没蛇吧”，没蛇就是福，等于后世“吃了吗”，足见蛇的阴影在人脑海之深。

这种不堪回首的岁月已经一去不返了，如今是人类主宰地球的时代，但怕蛇的基因还是在人的心理扎下了根，不易消失。尤其是“竹叶青”，名副其实，与树叶、青草同色，便于它隐藏，攻击人类。人徜徉在绿草丛中，一不小心就着了它的道儿。这样恐怖的角色，谁还敢招它惹它呢？

啰嗦了这么一大堆，同道中人肯定知道我的用意了，此“竹叶青”非彼“竹叶青”也。笔者说的“竹叶青”是一种驰名中外的名酒。对这种名酒，《现代汉语词典》的解释是：“以汾酒为原酒加入多种药材泡制成的一种略带黄绿色的酒。”竹叶青与众不同，首先是它的颜色。在白酒当道，红酒、黄酒、啤酒争俏的背景下，它那浅绿的颜色特别引人注目。如前所述，绿酒在古代叫做“醽”，白酒未诞生时，国产酒主要有黄酒、红酒、绿酒等几类。如今绿酒衰落，品种稀少，能够真正称得上“老春”的酒，竹叶青虽不敢说硕果仅存，但确已为数不多。竹叶青虽然属于露酒，也就是含有果汁或带花香味的酒，但仅从颜色看，称之为绿酒也不为过。作为绿酒翘楚，竹叶青为绿酒撑起了一块门面。无奈绿色虽是环保色，但绿酒已跟不上时代的步伐，构不成一大酒类了，这个既存事实很难改变。

竹叶青从汾酒脱胎换骨而来，却极有个性，魅力无穷。它加入了当归、砂仁、栀子等名贵中药，喝起来味道甘美香醇，药味不明显。像虎骨酒、参茸酒之类的药酒，虽然具有保健作用，但是药味浓郁，口感有所欠缺，比起竹叶青就逊色多了。竹叶青还有一个特点，即度数适中。它比一般高度白酒度数低一些，这样就适合一些不会喝烈性酒的人。笔者认识的一些不大喝酒之人，不论男女，一说起竹叶青，个个交口称誉，可见其口碑之佳。竹叶青还可指一种绍兴酒，呈淡黄色，与绍兴“元红”、“女儿红”等名酒不相上下。这些名牌黄酒价廉物美，各有千秋，赢得了“绍兴黄酒甲天下”的美名。不过客观地说，杏花村的竹叶青毕竟名头太响，盖过了绍兴竹叶青的风头。

总而言之，竹叶青是一种很有特色的美酒。它具有白酒的香醇但又不过于刺激，具有药酒的养颜健身功能而又没有什么明显的药味儿，具有新出米酒的清甜而味又不那么淡。真是“三千宠爱在一身”，令人不得不动心。诚如杏花村酒厂广告所言：“一日三杯竹叶青，越活越年轻。”人当然不可能真的返老还童，但适当饮用竹叶青，既饱享口福，又有益于身心健康，却是板上钉钉的硬道理。

竹叶青酒

（七）消夏解暑说啤酒

各种酒类几乎都说了，剩下的只有啤酒了。啤酒也叫麦酒，是用大麦芽与啤酒花制成的低度酒。啤酒在外国起源很早，远的就不说了，公元1040年，德国建成了世界上第一家啤酒厂。1903年，德国酿造师在我国青岛建成了第一家现代化啤酒厂，当时叫英德啤酒厂，也就是后来的青岛啤酒厂。由此看来，在中国，啤酒是酒类中名副其实的小弟弟，一直到二十世纪，它才正式莅临这块古老的土地。可喜的是，啤酒很快适应了这块土地，发展非常迅猛。如今啤酒厂遍及全国各地，形成众酒竞争之势，其中青岛啤酒、珠江啤酒、燕京啤酒脱颖而出，都称得上是行业巨子。

青岛啤酒

啤酒价格便宜，谁都喝得起。用成语来说，茅台、汾酒、五粮液属于阳春白雪、大家闺秀，有人不会欣赏，有人高攀不起。啤酒则属于下里巴人、小家碧玉，人人都懂品尝，人人跃跃欲试。事实充分说明，“下里巴人”也没有什么不好，据相关统计，啤酒在世界上销量最大，远远超过其他酒类，市场已经给了它至高无上的褒奖。

有人初喝啤酒，往往不喜欢那股苦味，甚至因为这苦味，就不喝啤酒了，这是典型的因噎废食。“苦”是大众不喜欢的滋味，但苦瓜和啤酒却有众多的拥趸（dǔn）。此无他，盖因二者苦中带凉，苦中带香，是消夏解暑的佳品。诸君试想一下，漫长而炎热的夏天，长江以南气温动辄三十七度以上，甚至连续出现三十八九度乃至四十余度的灼热天气。这真是“赤日炎炎如火烧”，度日如年时难熬！此时此刻，几位知己相逢，啤酒喝了一杯又一杯，时间不知不觉地流逝，难熬的酷暑顿时变得好过了不少，这就是啤酒的奥妙。

啤酒不仅是消暑佳品，而且具有多方面的好处。适当饮用啤酒，可促进血液循环，保护血管，维护心脏健康等。当然了，啤酒也不是多多益善，它的负面作用也不少。啤酒喝多了容易发胖，形成啤酒肚，对于广大爱美女性来说，这简直是一场噩梦。啤酒内含嘌呤（piào lìng），过量饮用不利于人体健康，尤其是对尿酸偏高者敲响了警钟。

啤酒非国粹，而是晚进的舶来品，文化积淀还不深厚。

《现代汉语词典》、《现代汉语规范词典》认为“啤”是英语“beer”的音译，《汉语大字典》、《汉语大词典》则认为“啤”是德语“bier”的音译。

诸君如有考证兴趣，不妨琢磨一番，双方所言，到底哪家较为合理？

七、饮酒篇（下）

（一）甜蜜生活酒酿成

我国酿酒历史源远流长，酿酒技艺举世无双。至少在三四千年前，人类就在生产实践中学会了酿酒。发明酒之后，饮酒在日常生活之中扮演了重要角色。中华民族是个善吃的民族，但佳肴还须美酒相伴，否则便会黯然失色。常听江苏人说：一手拿着阳澄湖的大闸蟹，一手举着盛满洋河酒的杯子，那真是人间最大的快乐。人同此心，心同此理，古今似乎一般。《红楼梦》第三十八回就描写了贾府主仆边饮美酒，边吃螃蟹的热闹场景，那润滑美味、膏汁丰富的大闸蟹，对于食客来说，如果没有美酒佐食，则味道顿时减半。美酒佳肴历来相辅相成，缺一不可。君不见古今美食家多半喜欢饮酒，上至帝王将相，下至农夫走卒，无不钟情杯中之物，形成了别具一格的酒文

清蒸大闸蟹

化，并对语言产生了深远影响。一些纯粹的酿酒术语随着社会的发展，冲出了本领域的地盘，引申出更宽泛的意义，在言语交际中发挥重要作用。

冰冻三尺，非一日之寒；美酒飘香，自然也非一日之功。想喝酒，别心急，好酒必须一步步酿制，“酝”、“酿”就是造酒必不可少的阶段。

《说文解字·酉部》：“酝，酿也。从酉，昷声。”又“酿，酝也。作酒曰酿，从酉，襄声。”《说文解字》用互训的手法解释了“酝”、“酿”二字，它们都是形声字，表示造酒之义，其繁体分别为“醞”、“釀”。

酿酒非一日工夫，而是颇费时日，即使是万事俱备，酒的发酵也需要耐心等待。

曾经记得1974年暑夏的一天下午，笔者在内行的指导下，第一次做糯米酒。一切工序完毕，就等着喝酒了。时值三伏天，一整天就可出水，而我却迫不及待，一觉醒来之后，总是坐立不安，隔三岔五就要掀开盆罩，看看有无酒水。时光老人仿佛停止了脚步，笔者一分一分地熬过时光，盼望太阳快快升高，早早西斜，那个操心劲就甭提了。同年冬天酿酒，酒水出得更慢，至少得两三天甚至更长。那装酒的大脸盆用被子里三层外三层地裹了个严严实实，可过不了多久，笔者又禁不住要去掀开酒盆的“盖头”，三番五次，如此这般，备受煎熬。说起来，这还只是酿造最普通的糯米甜酒，如果是酿制老黄酒、白酒，放在瓮里封存起来，其程序更为复杂，时间更为漫长，几个月甚至几年都不足为奇。酒的这个漫长的发酵过程叫做“酝酿”，做事情需要事先考虑，因此“酝酿”用来比喻“做准备工作”非常贴切。所谓“万丈高楼平地起”，根基打好了，事就成功了一半。

“能喝三两喝五两，这样的干部要培养。”这民间流行语虽有点夸张，但也说明酒在官场交际中的一定作用。古往今来，人与人之间免不了打交道，而酒可缩短人们之间的距离，这种人际交往叫做“酬酢”。

对于“酬酢”二字，《广韵·铎韵》解作“主答客曰酬，客报主人曰酢”。通俗地说，主人敬客叫做“酬”，客人回敬叫做“酢”，它体现了礼尚往来的宗旨。

《礼记·曲礼上》说：“礼尚往来，往而不来，非礼也；来而不往，亦非礼也。”酒桌习俗尤其如此，宾客互敬，先干为敬，后者跟进，否则就是失礼。不懂得酒桌上的这一套，有时会莫名其妙地得罪人。基于此，“酬”由“敬酒”引申出“应酬”之义，“酬酢”由“宾主互相敬酒”引申出“应酬交际”之义。此外，诸如“酬报”、“酬唱”、“酬答”、“酬和”、“酬谢”等词，都与“酬”字的本义有关，足见酒对人的交际言语产生了较大影响。

说完了“酬”、“酢”，再说说“斟”、“酌”。

> “斟”，通常指“倒酒或倒茶”，但主要指“倒酒”。《说文解字·斗部》：“斟，勺也。从斗，甚声。”“勺”在此通“酌”，指舀酒。段玉裁注：“许以盛酒行觞为酌，则水浆不曰酌。”“酌”是“斟酒劝饮”，《说文解字·酉部》：“酌，盛酒行觞也。从酉，勺声。”“行觞”指依次敬酒。

“斟”、“酌”都是倒酒的动作，但倒酒也有学问。倒多倒少，要看时机，有人喜欢豪饮，有人中意雅酌。劝酒也有技巧，不劝没气氛，喝酒不尽兴；而过于劝酒，喝多了伤身，醉者及其家人难免生气。更有甚者，有心灌倒对方，又要不露声色，保全自己，以免成为众矢之的，这些都是颇费踌躇之事。真是觥筹交错，钩心斗角，酒桌之间，人生百态活灵活现。饮酒既然这么复杂，费尽心机，“斟酌”由饮酒的动作引申为“考虑”、“思量”，真是十分贴切。

酒也许是上天对人类的最好馈赠，它带给人们无穷的乐趣。饮酒也是一门不简单的学问，是一种复杂的社交活动。透过“酝酿”、“酬酢”、“斟酌”的意义发展轨迹，诸君不难发现，饮酒文化早已渗透在我们的生活中，并在日常言语中留下了深深的痕迹。你也许可以不喝酒，但酒文化的一些因子，已经无形地融化在你我的血液中了。

（二）“醮”——人生美好的归宿

宇宙万物都可分成阴阳两性，人类也不例外。众所周知，两性结合才能繁衍后代，延续人类的血脉。从这个角度来说，不管男子还是女子，其配偶都是自己人生的另一半，所以说男人的一半是女人，女人的一半是男人。漫长人生，男女牵手，白头到老，符合中国社会传统的价值观。因此，未成婚的人生是不完满的人生。常言道：“哪个男子不钟情？哪个女子不怀春？”环顾寰宇，茫茫人海，任何一位男女，只有觅得如意伴侣，才有找到归宿的感觉。自古以来，男女相互倾心或父母包办，一旦时机成熟，双方就要成亲，举行婚礼，成为合法夫妻。在成婚的过程中，酒扮演着重要的角色。

依照先秦礼法，男女登入婚姻的殿堂，必须用酒祭神，这叫做“醮”。“醮”的字形不复杂，是个形声字。“酉”表形，“焦”表声。如前所述，既然“酉”是酒坛子，“醮”当然同酒脱不了关系。

在上古时期，“醮”是结婚用酒祭神的礼仪，这个礼仪是男女结合的必经程序。《左传·庄公二十二年》指出："酒以成礼。"这话反映了当时社会的主流观点。在许多礼仪活动中，酒是不可缺少的象征性物品，否则就不成礼。可以说，酒在婚姻中起到了一锤定音的重要作用。

男女成婚，文雅的说法叫"合卺（jǐn）"。"卺"是用来盛酒的瓢。

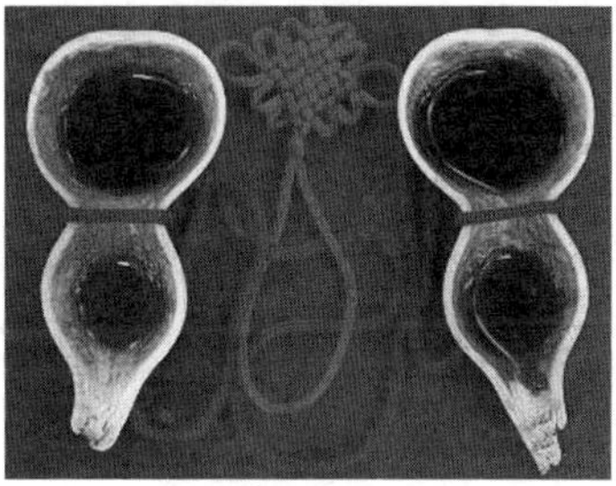

合卺酒

一个匏瓜剖成两个瓢，男女各执一个，互敬之后，喝完瓢中之酒，礼仪才算完成。由此可见，夫妻互相敬酒，是婚礼的一个重要环节。时至今日，时光早已迈入了二十一世纪，酒在婚姻中的作用却依然如故，甚至有增无减。男女成婚必设酒宴，出席他人的婚宴叫做吃喜酒。夫妻敬酒与时俱进，花样迭出。新郎新娘互敬已是小菜一碟，不足为奇。有的时候，喝到高兴处，在客人的撺掇下，为了表示夫妻感情亲密，新郎新娘乘着酒兴，手挽着手喝酒，这叫做"交杯酒"。更有甚者，夫妻脖子靠脖子，情意缠绵地喝酒，这叫做"交颈酒"。表面上看，这仅是一种轻松的仪式，使婚礼显得热闹一些。而透过现象看本质，这也是新婚夫妻决定共同开创新生活的郑重承诺。虽然没有山盟海誓，没有海枯石烂，但此时无声胜有声，表达了新人白头到老的愿望。

现如今，人们思想解放，观念更新，有时男女之间并非夫妻、恋人，为了表示关系之亲近，或者在酒桌上搞活气氛，也可光明正大地喝“交杯酒”。诸如此类的场景，笔者曾见过两次，场上一片欢声笑语，这也是当今社会娱乐至上的一个缩影吧。限于阅历不足，见闻不广，非夫妻关系的交颈酒，笔者就没见过了。社会存在决定社会意识，或许人们的思想还未开放到如此程度吧。

《论语·颜渊》篇说：“君子成人之美，不成人之恶。小人反是。”世人常把撮合男女好事的人称为月老、红娘，盖因二者都有牵线之功。旧时说媒，酒的作用非常重要，男方为了美梦成真，往往把希望寄托在媒人身上，不惜血本以好酒招待，喝了一瓶又一瓶，王向阳《六零后记忆·婚俗》引浙江民谣为证：“婚姻成不成，酒水百廿瓶。”毫不夸张地说，酒是把男女结合起来的不可缺少的桥梁，它让新郎新娘进入了幸福的港湾，找到了自己毕生的归宿，其功德不在月老、红娘之下。

（三）酒肉齐全就是“福”

从古至今，人们都在追求幸福，但什么是幸福？可谓是见仁见智，大不相同。《红楼梦》第一回中一首“好了歌”，道尽人间万象。千百年来，多少人沉浸在功名利禄之中，以致迷失了自己，找不到通向幸福的途径。

幸福是什么？不同时代的人理解差别很大。想当初计划经济时代，物资极度匮乏。在很多人的心目中，幸福就是每天有猪肉吃，可惜这愿望犹如天上的星星，可望而不可即。至于“楼上楼下，电灯电话”，人们已经把它看作是共产主义的事情了。可如今，托改革开放的福，百姓生活水平大幅度提高，腰包鼓起来了，吃猪肉当然是小菜一碟，电灯电话也早就成了小儿科。不过时过境迁，水涨船高，对当今的生活水平，不少人不但不满足，反而“端起饭碗吃肉，放下筷子骂娘”，这种现象值得反思。

“不是我不明白，这世界变化快。”当今社会日新月异，在新的环境中，一些人的欲望急剧膨胀，从而产生了失落感。或许人的心理偏爱攀比，总是这山看着那山高。他们有了车子想房子，有了房子想投资，投了资希望尽快一本万利。如此这般，整天沉迷在金钱之中而想入非非。实际上，这样削尖脑袋算计着过日子，仍然不开心，离真正的幸福相差十万八千里。这不禁使人纳闷，茫茫夜空，幸福之星在哪里？幸福到底在哪里？姑且让我们借鉴先人的智慧，看看老祖宗是怎样造出“福”字的，从而沿着前辈的足迹去追觅它。

《说文解字·示部》：“福，祐也。从示，畐声。”按照许慎的观点，“福”只是形声字，“畐”不表意。不过，事情并非这样简单，根据甲骨文的字形，今人多认为“福”是个会意字。在甲骨文中，“福”的形体是“”，其中左边是“示”，表示祖先的牌位；右边是“酉”，表示酒坛子。整个字的寓意就是捧着酒坛祭祀祖先，祈求幸福。金文“福”为“”，右边保留了酒坛的样子，表意同甲骨文。

按照传统风俗，祭祀祖先必须酒肉齐全，两者不可缺一，因而尽管“福”的字形上只出现了酒，但其寓意应是“有酒有肉，乐在心中”。原来古人的幸福观，竟是如此简单！难怪阮小七等《水浒传》中的许多人物，念念不忘去梁山入伙，无非就是因为那里能够大碗吃酒，大块吃肉而已！

当然，对于“福”的认识，学界还有不同看法，有人认为“福”的构形是“有田种就幸福”。“畐”是一口田，如果有了田，旱涝保收，人们不愁吃穿，自然就福在其中了。

这反映了农民的朴实愿望。几千年来，中国农民梦寐以求的理想，不就是“家有一亩三分地，老婆孩子热炕头”吗！

剖析完“福”字，笔者不由感慨万分。俗话说：知足常乐，庸人自扰。天天有酒肉也好，耕者有其田也好，以今日的社会条件，人们想要满足它，恐怕不是什么难事（有田种无非是有工作而已）。看来世人想要进入幸福的境地，关键在于心态的平和。心胸开阔天地宽，道路自然越走越广，日子就如芝麻开花——节节高。惜乎在拜金思潮的影响下，有的人心情浮躁，焦虑不安。他们不思勤劳耕耘，巴望一夜暴富，以致绞尽脑汁剑走偏锋。这些人或沉迷于各种形式的赌博之中，倾家荡产而不能自拔，或铤而走险，违法犯罪，最终后悔莫及。诸如此类的作为，简直是缘木求鱼，离幸福之路越来越远，这正如《红楼梦》中《好了歌注》所言："甚荒唐，到头来都是为他人作嫁衣裳！"怪不得世人殚精竭虑，苦苦寻找，却总是南辕北辙，叩不开幸福之门。这真是：上下求索，踏破铁鞋无觅处；蓦然回首，幸福就在你心中。

八、饮茶篇

（一）谁谓“荼”苦？其甘如荠——说“荼”

以上花了不少篇幅谈饮酒，现在该说说“饮茶”了。提起“荼”字，姑且先从成语“如火如荼”说起。我们都知道，这个成语表示气势热烈旺盛，其中“荼”字酷似“茶”，但如果读作“茶”，恐怕就要贻笑大方了。语文课堂教学之时，老师讲到这个成语，每每苦口婆心提示学生，“荼”在此指茅草、芦苇开的白花，切勿写作“茶”。“荼”与“茶”面貌宛如兄弟，只一笔之差，当然得格外留心，以免张冠李戴。不过话说回来，如果我们追根刨源，“荼”其实就是古代的一种苦茶。

《说文解字·草部》：“荼，苦荼也。从草，余声。”五代南唐文字学家徐铉认为：“此即今之茶字。”“荼”字大约在唐代才写成了“茶”，从草从人从木，是个会意字，指茶树。

茶树的嫩叶加工后就是茶叶，用茶叶沏成的饮料就是通常意义的茶。它带着一股淡淡的清香，具有解渴、提神、减肥、消闲等多种功能。茶还是解酒的良方，当人饮酒过度，出现头痛、胸闷、呕吐等症状时，几杯茶水下肚，能够慢慢化解酒精过度引起的不良反应，缓解人体的不舒适感。

茶虽然优点众多，但人们初次饮茶，往往体会不到它的妙处，只有天长日久，习惯其滋味后，才会甘之如饴，难以割舍，以致一天不饮不舒畅，三日不饮心发慌。不过“萝卜青菜，各有所爱”，茶叶并非人人都喜欢。在上古时期，它就名声不佳，甚至成了“苦”的代称，且看下面的诗句：

《诗经 · 邶风 · 谷风》：“谁谓荼苦？其甘如荠。”

《谷风》是一首弃妇诗，说的是一位女子被丈夫遗弃后，痛苦万分。她觉得世以为苦的“荼”，同她的精神痛楚相比，根本不值一提。在她的心目中，世以为苦的“荼”，其实一点都不苦，反而甘甜如荠菜。先秦时期，“荼”既可指苦菜，也可指苦茶，其特点就是苦，因而很不受欢迎。例如在上述诗中，该女子用反衬的手法表现了她的精神苦痛，同时透露了一个宝贵信息：“荼”之类的苦东西在当时是不招人待见的。后来随着社会的发展，人类对自然万物的认识日趋成熟与全面，终于发现“荼”苦中带香，苦中带凉，是一种养身提神的好东西，饮茶便逐渐被人接受，成为赏心乐事了。

饮茶起源于何时？这是个颇难确定的问题。陆羽《茶经》卷

茶圣陆羽

下《茶之饮》认为："茶之为饮，发乎神农氏，闻于鲁周公。"神农即炎帝，距今已有四千多年，那时仍处于传说时期，缺乏可靠的文字记录。从常情分析，陆羽的观点只是一种圣人情结，把一切发明归功于圣贤，不足采信，但客观上也可说明饮茶习俗由来已久。

先秦两汉时期，饮茶并不特别流行；到了六朝时期，饮茶开始风行大江南北，尤为南人所嗜好。当时中国境内多个民族杂居，民族之间既融合又有摩擦。平心而论，各族百姓生活习惯不同，冲突有时在所难免。就饮料来说，汉族时兴饮茶，有的少数民族推重饮乳。一些少数民族的上层人士，接受不了饮茶盛行的事实，贬茶水为"酪奴"，意思是"茶水"只配充当"乳"、"酪"的奴仆，又称"饮茶"为"水厄"，"水厄"就是"水灾"的意思，北魏元勰甚至把饮茶者说成是"海上逐臭之夫"。然而，这些贬斥的词语恰恰从反面透露，"茶"是何等时髦，令人倾倒，它正在逐步占领"乳"、"酪"的地盘，以致有人要站出来，进行牛奶、羊奶保卫战了。

在外力的强烈反对及歧视下，茶不仅没有停止它前进的步伐，反而不断攻城夺寨，扩大市场，其势不可阻挡，并在唐代步入鼎盛时期。这是一个令千万茶客感到骄傲的时代，它产生了《茶经》这样的经典名著，出现了茶圣陆羽这样的偶像人物，标志着饮茶上升到了一个崭新的境界。值得一提的是，陆羽在《茶经》中将“荼”写成“茶”。“茶”字一横空出世，就成为最流行的称呼。此后，除了“茗”用于较雅的场合之外，其他诸如“荼”、“槚”、“荈”等都逐渐被淘汰了。

饮茶在古代还具有特殊的象征意义。俗话说：“一女不吃两家茶。”其含义是“一个女子不能许配两家”。古人认为茶籽不能移植，移植必死无疑。基于这种理念，古人谈婚论嫁，由此受到启示。男方为了确定婚姻关系，都会请女方饮茶，寓意是女方吃茶之后，双方都不能反悔，否则就不吉利。女方自然明白男方用心，如果内心满意，便会欣然接受。通过饮茶，双方婚约确定，皆大欢喜。久而久之，男方请女方吃茶，就成了联姻不可缺少的礼仪。

饮茶使生活更添雅趣，无论寒暑，一杯香茗在手，别有一番滋味在心头。人们细细品尝，逐渐进入佳境，生活的真谛也是如此。几千年前，一个被丈夫抛弃的弱女子发出了痛苦的呼喊：“谁谓荼苦？其甘如荠。”几千年后的今天，一切茶客在情场得意、婚姻美满或任何开心的时刻，如果也能从内心深处说出“谁谓荼苦？其甘如荠”或“谁谓荼苦？其香如兰”之类的话，才算真正懂得一点茶道了。人们饮茶只有达到了这种境地，才对得起“茶客”这个高雅的称号。

（二）品茶宜静，饮酒宜闹

饮茶与饮酒，风格不一样。从古至今，饮酒不乏豪饮客，文人雅士也不例外。饮茶就不同了，它不宜大口畅饮，而适合小口品尝。广州话把“喝茶”说成“呷（xiā）茶”，十分生动地表现了饮茶的特点。

《说文解字·口部》：“呷，吸呷也。《正字通·口部》：“吸而饮曰呷。”“呷”就是小口吸饮的意思，它适用于喝茶，给人一种闲适的感觉。

西湖龙井

同酒一样，茶叶当中也有贵族，诸如“西湖龙井”、“太湖碧螺春”、“黄山毛峰”、“庐山云雾”、“安溪铁观音”、“龙生普洱”、“吉安狗牯脑”等。然而，茶叶虽好，还要好水扶持，有了好水扶持，还要学会品尝。说到品茶，就要含英咀华，慢条斯理，而不能囫囵吞枣，像猪八戒吃人参果那样。茶水需慢慢品，时间一长，它们的秉性、气质就充分展示出来了。在《红楼梦》第四十一回中，妙玉请薛宝钗、林黛玉、贾宝玉品茶，并说了一番“岂不闻一杯为品，二杯即是解渴的蠢物，三杯便是饮牛饮骡了”的大道理。话说得虽有点矫情，但也点明了饮茶需细细品味的特点。谚语说：“茶喝二道酒喝三。”这是说茶喝第二道时滋味最浓，第三道就逊色了，而酒喝三杯兴致才刚刚起来，好戏还在后头。试想一下，大半天工夫才喝一两杯茶，那得呷多少口哇！

黛玉品茶

人们常比喻说：“茶如隐逸，酒如豪士。”这很贴切地说明了茶与酒的又一个区别。喝茶需要安静的环境，饮酒需要热闹的场合。《续茶经》卷下之二说：“品茶，一人得神，二人得趣，三人得味，六七人是名施茶。”大意是说饮茶人数越少越好，人太多就失去了趣味，只能称为布施茶水了。话说得有点绝对，不过饮茶确实不宜选择喧闹之处，人也不宜过多。但如有二三同道慢饮深谈，那是最好不过的事情了。妙玉独居栊翠庵，平时修道养身，不无寂寞之感，品茶成了她打发时光、体验生活的重要途径，因而对饮茶有些独到的见解。话说回来，饶是妙玉这样的清高孤僻之人，一有合适的机会，她仍然会主动邀请几位贴心人共饮，可见品茶人越少越好并非中肯之论。

在酒席上，茶通常是酒的陪客。饮酒者风风光光，你来我往；饮茶者不声不响，独坐一旁。饮者一人一杯，喝得兴起，誓言一醉方休，但对不擅长喝酒的人来说，再饮实在是苦差事，不喝又扫了大家的兴。怎么办？在这左右为难的时候，茶的作用就显现出来了，以茶代酒就是一种最好的解决办法。它既表示了不善饮者的诚意，又让他们找到了不喝酒的理由。茶在这里充当了和事佬的角色，倒也符合它隐士的身份。

都说中国人重视吃喝，办事多在酒桌上完成，而广东人办事则不少在茶桌上完成。饮茶在广东一带非常盛行，从早到晚，城里的许多酒楼都设有茶市。靓丽的服务员推着小巧玲珑的车子，灵巧地穿梭在稠密的人群中，车上满载各式各样的小吃，任由茶客们挑选，构成了一道富有岭南特色的风景线。

早上品尝茶点，广州话叫做“叹早茶”，“叹”是“享受”的意思。以此类推，还有“叹午茶”、“叹夜茶”。

亲友相聚，“叹茶”的时候天南海北，滔滔不绝，既交流了思想，又沟通了感情。各类合作伙伴，一边“叹茶”，一边谈事。茶喝完了，所谈之事也就拍板了，这就是茶的神通。

茶有许多别称，文雅些可称之为“茗”，书面语常用，如“品茗”。饮茶历来被视为风雅之事，能体现一个人的文明素质。

《红楼梦》一书经常描写饮茶的场面，如四十一回中，贾母是慢条斯理，“便吃了半盏”，而刘姥姥则是一口喝干，两人不同的社会地位与音容笑貌跃然纸上。至于妙玉，更是超凡脱俗，不食人间烟火，雅得只有孤芳自赏了。当然，世上任何事物都不可能一成不变，饮茶形式也会随着环境的变化而推陈出新。饮茶传到广东潮州、汕头及福建一带，形成了很有特色的功夫茶，别有一番趣味。饮茶登陆东瀛诸岛，形成了程式繁复的日本茶道，颇有异国情调。

（三）以茶代酒，亦真亦假

如上节所述，茶与酒秉性相去甚远，但二者关系又非常密切。茶有时好像是酒的替身，必要时充当酒的角色。宋代杜小山《寒夜》诗：“寒夜客来茶当酒，竹炉汤沸火初起。”诗句意境很美，场面温馨。寒夜突然来了不速之客，没有应急的酒，茶就当仁不让地成了代替品。茶的这种替补作用，在酒桌上表现得更为充分。君不见宴会上，酒与茶总是各司其职，同心协力，配合得非常默契。当酒大哥意兴盎然的时候，茶小弟甘于寂寞；当酒大哥意兴阑珊的时候，茶小弟的作用就凸显出来了。众所周知，在许多场合下，以茶代酒成了饭局上的“明规则”。

说起以茶代酒，其实有两种截然不同的情况。为了区别二者，我们姑且将它们称为“以茶代酒”与“以茶充酒”。

所谓“以茶代酒”，它是真心实意的表现。饮者光明磊落，承认自己喝的是茶。中国自古讲究君子风度，愿赌服输，但不能输了人格。酒量大小与先天关系很大，不是一下子能喝出来的。有人因为先天不足，后天又缺乏锻炼，或者根本不想锻炼，所以饮不了多少酒，这也没什么丢人。坦承自己不行，用饮茶来表示其诚意，他不仅没失去面子，反而依然可以赢得大家的尊重。

所谓“以茶充酒”，它是弄虚作假的表现。饮者不想喝了，就用茶水冒充酒来蒙骗他人，这又可分为主动型与被动型两种。主动型是饮者处心积虑想把他人灌醉，而自己又没那个量，只好出此下策。这种人往往拼命劝酒，跟对方斗了一杯又一杯，自己不显山不显水地占了大便宜，直到把对方灌倒，出尽了风头。常言道：细微之处见人品。这种饮法，多少有点不大厚道。被动型是人家邀上门来，自己好面子，不愿认输，于是硬着头皮撑门面。无奈此时酒量已经饱和，饮者只好偷梁换柱，暗度陈仓。这种饮法缺乏绅士气度，没有英雄豪杰行不更名，坐不改姓的骨气，但比主动型要稍好一些。

“以茶充酒”由来已久，并非今日才有。笔者所见，它最早见于《三国志·吴书·韦曜传》，相关情节大致如下：

韦曜是三国时东吴大臣，起初深受吴帝孙皓宠爱，经常参加孙皓举办的宴会，一喝就是一整天。按照当时规定，不管来者是否会饮酒，每人都要喝七升。虽然酒不一定全喝进嘴里，也有漏在桌上、地上的，但形式上都要喝光。可怜韦曜酒量小，撑死了也就只能喝两升。幸蒙孙皓厚爱，常常格外开恩，特批他可以少饮，或者干脆秘密赏赐茶水，用来冒充酒水，帮他度过这个坎。

顺便提及，韦曜后来失宠，在古稀之年被孙皓杀害，这是题外话了。

韦昭

说一千，道一万。茶就是茶，酒就是酒，二者泾渭分明，不可混淆。我们为人处事应有苏东坡的气度，不应表里不一。苏东坡输棋后，悟出了“胜固欣然，败亦可喜”的道理，竟然成了棋界座右铭；他喝酒酒量不行，自己坦率承认，酒德却有口皆碑。从这个角度而言，正人君子能喝多少是多少，绝不使用调包计，这才符合诚实做人的准则。

（四）老少咸宜说“乳”、“酪”

游牧民族与牛羊朝夕相处，是伴随着牛羊一起长大的，那甘甜的乳汁哺育了这些马背上的人们。因此，无论男女老少，他们都与牛羊结下了深厚的感情。君不见，一曲《敕勒歌》道尽牧民衷情，传遍大江南北，尤其是“天苍苍，野茫茫，风吹草低见牛羊”三句，眼界开阔，气势高昂，成了千古绝唱。

牛羊马或人的奶水，古今皆称为“乳”。《说文解字·乙部》：“乳，人及鸟生子曰乳，兽曰产。从孚，从乙。乙者，玄鸟也。”关于“孚”字，《说文解字·爪部》说：“孚，卵孚也。从爪，从子。”“孚”，今写作“孵”，孵化的意思。按照许慎的解释，“乳”是会意字，表示鸟产卵的意思。今按甲骨文，“乳”的字形为“”，像母亲给小孩喂奶的样子，因而“乳”的本义为“哺乳”。“酪”字结构简单，是个形声字，指用牛羊马的乳汁炼成的食品。

“乳”、“酪”是游牧民族的命根，每日不可少。从古到今，汉族都以谷类、面食为主。与此不同，蒙古族、哈萨克族等一些北方的少数民族，日常饮食基本以羊肉、乳制品为主，连喝茶也是喝奶茶。牛奶、羊奶营养价值很高，可以促进小孩身体发育，适宜老人调养身体，且对皮肤有滋润作用，是天然的养颜佳品，尤为女士所重视。人们长期饮用牛羊乳汁，肤色光嫩，眼睛有神，精神饱满，从而增强了自信心。《魏书·阉官传·王琚》说王琚“常饮牛乳，色如处子”。王琚最终享年九十。管中窥豹，牛奶的功劳应该不小吧。

上面说到南北朝时期，各族百姓既融合又摩擦，乳与茶就引发了口水战。茶产生之后，日积月累，逐渐产生影响，以致风靡天下。饮乳者不免嫉妒眼红，就贬茶为“酪奴”，于是形成了

奶茶

"乳"、"茶"之争。二者之争，没有绝对的胜方，它们各有长短，难分高下。茶有茶的长处，但也有缺点。酒有限量，喝多了会醉；乳喝多了会腻，会饱。相比之下，茶耐喝，可一天喝到晚，不管喝多少，几次小便就消化得干干净净，且不管男女老少，都可喝个尽兴。笔者年少时期有位邻居，十四五岁，个子不高，酷爱饮茶，绰号"一锅水"。言其一天到晚饮茶，要喝一大铁锅的茶水。凡此种种原因，饮茶长盛不衰，但其缺点是喝多了易失眠，不利于牙齿美白等。乳、酪是男女老少都适合，有百利而无一害，这是其突出长处。但从文化品位而言，"乳"、"酪"似乎稍逊一筹。时至今日，喝奶只是老人、小孩、青涩女子所为，而饮茶者较为广泛，显得较有品位。茶文化是一个长盛不衰的话题，《茶经》的诞生成了茶行业的里程碑，仅从这一点而言，乳、酪真是望尘莫及呀！

俗话说："一方水土养百种人物。"乳与茶各有所长，难分高下，我们应当一视同仁，不可厚此薄彼。人皆说牡丹有牡丹的高贵，玫瑰有玫瑰的娇艳，菊花有菊花的坚贞，荷花有荷花的典雅。生活为我们提供了充分的选择，饮茶还是饮乳，诸位朋友就从心所欲，各取所需吧！

（五）君子似“水”，止于至善

在《红楼梦》第二回中，贾宝玉说了一番振聋发聩的话：“女儿是水作的骨肉，男人是泥作的骨肉。我见了女儿，我便清爽；见了男子，便觉浊臭逼人。”贾宝玉名如其人，纯洁如玉，赤子心怀。出于对男尊女卑的不屑，他独树一帜，为天下女性争权益。在他的心目中，水应当是至善至美的东西，故以此用来比喻其心仪的女性。通观整部小说，贾宝玉心仪的女性，似不包括已婚女性，而是指未婚的淑女，未免有点美中不足。凡事不可绝对化，淑女诚然似水，已婚良妇也可似水，其实好男人——君子也可似水。

水的甲骨文字形为“”，是象形字，像流淌的河水之形。

大千世界，水是最常见的东西，看起来一文不值，其实极其珍贵。它是人体最需要的东西，任何人一天也离不开它。我们常说：人可三天不吃饭，不可三天不喝水。两相比较，强调水的重要性。

水的文化寓意非常丰富。《论语·雍也》：“知者乐水，仁者乐山。知者动，仁者静。知者乐，仁者寿。”句中“知”是

“智”的古字。聪明人喜爱水，孔老人家是聪明人，自然也是爱水的。老子贵柔，认为“上善若水”，水的巨大力量给了他莫大的启示。水看起来最温柔，但一旦汇聚成洪流，则无坚不摧。遑论大海的滔天巨浪，一年一度的钱江潮气势凶猛，足以令人在自然的伟力面前自惭形秽。每年农历八月十五左右，钱江潮以排山倒海之势滚滚向前，不可阻挡，其声势宛如万马奔腾。据《水浒传》第一百十九回描写，鲁智深生擒方腊后回到杭州，某夜“月白风清，水天共碧”，他在六和寺僧房中睡觉。半夜时分，鲁智深忽然被钱江潮吵醒，他误以为是战鼓声，二话不说，本能地拿起禅杖就想冲出去厮杀。后经众僧指点迷津，鲁智深目睹滚滚潮水，终于大悟大彻，马上在寺内圆寂，立地成佛。

西方谚语说：有一千个读者，就有一千个哈姆雷特。汉语则有成语：“仁者见仁，智者见智。”说的是对同一人物或事情，各人观察角度不一，得出的结论就迥然不同。贾宝玉从水当中看到了女性的清纯，从而唱出了一曲女性的颂歌。而不少文人却从流动的水当中，产生了对女性根深蒂固的偏见。许多古代小说一提及女性，几乎千篇一律，往往就给她们冠上了“水性”的帽子，莫须有地指责女性作风轻浮，感情不专一，真是荒谬至极。

“绚烂之极，归于平淡。”这是文学创作的最高境界，也是为人处世的不二法门。在现实生活中，最平凡的境界往往就是最高妙的境界。一代文豪苏轼极为推崇朴素自然的文风，其《答谢民师书》认为优秀的文艺作品应该“大略如行云流水，初无定质，但常行于所当行，常止于所不可不止，文理自然，姿态横生”。日本围棋名手高川秀格的棋艺炉火纯青，其风格也是顺应自然，被誉为“流水不争先”，成了他克敌制胜的独门法宝。其实，饮食何尝不是如此。《吕氏春秋·本味》篇指出：“凡味之本，水最为始。”离开了水，一切味道都无从谈起，何况水本身就有永恒的魅力。

曾记改革开放前，国人生活贫困，不管大人小孩，都爱喝糖分多的饮料。饮料中的那甜味透彻心田，令人感觉好极了。对许多人来说，能用些许白糖泡杯开水，简直是极大的享受。蜜糖是普通人家做梦都不敢想的东西，如今却是小菜一碟了。遥想这些年来，汽水、果汁、雪碧、芬达、健力宝、可口可乐等饮料纷纷登台亮相，然而各领风骚没几年。曾几何时，蓦然回首，这些饮料的弄潮儿都经不起时间的考验，一个个都落伍了，只有白开水及各种纯净水岿然不动。还是那句老话说得好：平平淡淡才是真。生活如同淡淡的水，平淡之中有真味。什么果汁、饮料等花里胡哨的东西，到头来都是过眼烟云，唯有水永不过时！

九、器具篇

（一）调和鼎鼐，和而不同——说“鼎”

俗话说：“巧妇难为无米之炊。”同理可推，没有适当的炊具，巧妇即使有米也难以施展身手。说起古代的炊具，真是五花八门，各不相同，为良厨巧妇提供了充分的用武之地。在各种炊具中，“鼎”的历史最为悠久，分量最重。诸君欲知其中奥秘，还是先从其字形入手吧。

“鼎”是象形字，甲骨文为“”，金文为“”。细观其形，下有三足，旁有两耳，体型巨大，透露出一股威严的气势。鼎由陶或铜铸成，以铜铸较为常见，形状有圆有方，方鼎一般为四足。《墨子·耕柱》指出：“鼎成四足而方。”

现存最大的古鼎是商代的司母戊鼎，它高 133 厘米，重 875 公斤，称得上是古鼎中的巨无霸。“鼎”的外形仪表堂堂，不怒自威，因而获得了不少美名，如“鼎盛”、“鼎业”、“大名鼎鼎”、“一言九鼎”等词语无不充满褒奖色彩。旧时大户人家人口众多，盛者多达好几百人，吃饭必须用鼎，所以被称为“鼎族”。同时，几百人散居大院各处，彼此交流不便。如要召集大家吃饭，必须鸣钟传递信息。听到钟声后，男女老少从四面八方赶去吃饭，成语“钟鸣鼎食”就形象地反映了这种盛况。《水浒传》第一百二十回说：“生当鼎食死封侯，男子生平志已酬。”诗中“鼎食”代表着当官发财，反映了古代社会众多男人的理想。

司母戊鼎

“鼎”本是一种大型的食器，后来转化为礼器，象征国家权力。古语用“调和鼎鼐”借指治国，也可简称为“调鼎”。善烹调者，懂得如何协调各种滋味，制作出一道道丰盛的美食。同理，善治国者懂得如何协调各类人才，使之各尽其能，达到天下大治的局面。

“鼎”为何能象征权力？这就要从国人的饮食观念谈起。在物资非常匮乏的时代，吃饭是头等大事，所谓“民以食为天”。有鉴于此，谁掌管了造价昂贵、仪表神圣的高贵饭锅，就意味着控制了天下人吃饭的权利。人不吃饭就会饿死，掌握了其吃饭权就等于掌握了其生存权，这当然是最大的权力。三国时期，荀彧反对曹操称魏公，曹操非常生气，送给荀彧一个空饭盒，意思是不给荀彧吃饭了。荀彧打开饭盒一看，就明白了曹操的用心，知趣地自杀了。

“鼎”的发明者是谁？历来说法不一，一般认为最早的“鼎”是大禹铸造的。《史记·封禅书》：“禹收九牧之金，铸九鼎。”相传大禹是治水的英雄，救天下之民于倒悬之中，因而有权铸造九鼎，象征九州统一，开创了家天下的格局。从此，“九鼎”借指帝王之尊，成了帝王的专利品，以示独一无二的权威。图谋夺取江山叫“问鼎”，确定国都叫“定鼎”。古人祭祀、宴饮，天子九鼎，诸侯七鼎，卿大夫五鼎，士三鼎。随着社会地位的降低，用鼎数量依次递减，鼎完全成了身份、权力的象征。如果有人逾越本分，就是不守为臣之道，要遭天谴人诛。《左传·宣公三年》记载楚庄王领兵征讨“陆浑之戎”，路过洛阳，周定王派王孙满慰劳楚军。楚庄王暗含不轨之心，居然询问朝廷九鼎大小。面对楚庄王咄咄逼人的气焰，王孙满义正辞严地进行反击，他首先申明号令天下“在德不在鼎”，暗示楚庄王不注重修德，只知炫耀武力，然后明确表示：“鼎之轻重，未可问也。”楚庄王碰了个不软不硬的钉子，只好灰溜溜地走了。

“鼎”既是尊贵无比的礼器，又是令人毛骨悚然的刑具。因为体积容量大，所以鼎经常用作“烹刑”的器具。所谓“烹刑”，就是把人放在锅中活活煮熟，此乃一种极不人道的野蛮刑罚。《史记·平津侯主父列传》曾言：“大丈夫生不五鼎食，死即五鼎烹耳！”这是西汉大臣主父偃在受贿后说的一番话语，道出了他权欲熏天、利令智昏的阴暗心理。最终果真身败名裂，遭到灭族之祸。无独有偶，东晋桓温也有此类想法，算是主父偃的“知音”。《晋书·桓温传》记载他公开宣称：“既不能流芳后世，不足复遗臭万载邪！”鬼迷心窍的官迷们，为求荣华富贵，就是这样不惜铤而走险，孤注一掷，活现出一副赤裸裸的赌徒嘴脸。

主父偃、桓温虽然未受烹刑，但在历史上，遭受烹刑的大有人在。受刑者并非个个罪大恶极，其中冤死鬼为数不少，如郦食其就是其中之一。根据《史记·淮阴侯列传》的记述：楚汉战争相持时期，刘邦派遣郦食其游说齐王，郦食其不辱使命，凭着三寸不烂之舌，成功地说服了齐王归汉。汉军不费一兵一卒，就获得了齐地七十多座城市。相比之下，韩信统率几万大军，征战一年多，才攻占赵地五十多座城市，显得逊色多了。在辩士蒯通的唆使下，韩信眼睛顿时红起来了，嫉妒心一发不可收拾，因而背信弃义，突袭齐军。齐王业已归顺汉军，未加防备，不料突遭汉军袭击，于是他认为郦食其言而无信，出卖自己，就用鼎把郦食其活生生煮熟了。

两千多年前，孔子曾在河边感慨：光阴似水，一去不返。事实确实如此，千年时光，弹指一挥间，就进入了新时期，历史翻开了崭新的画面。鼎的象征义与时俱进，又具有了新的内涵，“问鼎”由图谋夺取天下转指体育竞赛获得冠军。1995 年联合国庆祝五十华诞，中国赠“世纪宝鼎”捧场助兴。1997 年、1999

内蒙古“民族团结宝鼎”

年香港、澳门先后回归祖国大家庭，中央政府皆赠“回归宝鼎”表示庆贺。从 2005 年至 2008 年，中央政府陆续向西藏、新疆、内蒙古、宁夏各赠送了一尊“民族团结宝鼎”。在这些礼仪中，宝鼎的象征意义已经推陈出新。它不再象征强权武力，而是对外期盼世界各国和谐相处，同舟共济；对内象征祖国繁荣昌盛，团结统一。

（二）破“釜”沉舟说炊具

如上节所述，烧饭炒菜，需要炊具，否则生米难以做成熟饭。说起古代的炊具，那真是形形色色，应有尽有。诸如“鼎”、“鼐”、“鬲（lì）”、“釜”、“甑（zèng）”、“镬（huò）”、“锅”等等。

鬲

“鼎”是锅的通称，另有其他别名。大的叫

“鼐”，《说文解字 · 鼎部》：“鼐，鼎之绝大者。从鼎，乃声。”小的叫“鬲”，足中空而曲。《尔雅 · 释器》：“（鼎）款足者谓之鬲。”“款”含义为“空”，“款足”就是“空足”的意思。“鼎”、“鼐”、“鬲”属于同一类炊具，前面对“鼎”已有专章介绍，此处就不详解了，留些笔墨说说其他几种炊具，其中“釜”、“甑”、“镬”值得一提。

釜

“釜”是无足的锅。说起“釜”，我们脑海里立刻会想到“破釜沉舟”的故事。公元前 207 年，项羽率楚军同秦军在巨鹿进行决战。为了激励士气，战胜秦军，项羽渡河之后，命令部下“皆沉船，破釜甑，烧庐舍，持三日粮，以示士卒必死，无一还心”。兵法说得妙：“置之死地而后生。”自断退路之后，楚军将士无不以一当十，奋勇拼杀，最终击溃强敌，令坐山观虎斗的各路诸侯不敢轻视，从此确立了项羽西楚霸王、号令诸侯的地位。

“釜”与“甑”常连用，二者如鱼似水，难舍难分。

《孟子·滕文公上》：“许子以釜甑爨（cuàn，煮饭），以铁耕乎？”

甑

具体来说，釜的特点是无足。“甑”通常由瓦制成，其特点是底部有许多小孔，用来散发热气。“甑”置于“釜”上蒸煮食物，类似今天的蒸笼。

二者搭配，烹饪功能可发挥到极致。例如，“釜”中盛满水，其下放柴燃烧，水热之后，蒸汽向上弥漫，“甑”中的食物就熟了，且原汁原味，新鲜甘美，充分体现了古人的烹饪智慧。“釜”常用来烹鱼，因此“釜中之鱼”比喻活不长了，等于今俗语“兔子尾巴长不了”。

“镬”从金，蒦声，是形声字，指无足的大锅，用来烹制荤食。《淮南子·说山训》：“尝一脔（luán）肉，知一镬之味。”“脔”是切成小片的肉。

尝尝一片肉的味道，就知道这一大锅的菜烧得如何。“镬”由于体型巨大，同“鼎”一样，也可用作刑具，古人常说“斧锯鼎镬”，就是指四种常见的刑具。《史记·廉颇蔺相如列传》：“臣

青铜镬

知欺大王之罪当诛，臣请就汤镬。”“汤镬”指烧满了沸水的大锅。如同“釜甑”一样，“鼎镬”经常连用。文天祥《正气歌》：“鼎镬甘如饴，求之不可得。”意思是如果为了祖国的利益，即使是赴汤蹈火也心甘情愿，含笑九泉。“镬”的用法保留在广州话中，如“开油镬”，是指在锅中用油炸食品。

在炊具家族中，还有一位成员值得一谈，这就是众所周知的“锅”。“锅”本指一种小镬，用来烹煮食物。它体型小，出生晚，同其他炊具相比，是地地道道的小弟弟。晋代徐广《孝子传》记载：“吴人陈遗为郡吏，母好食锅底焦饭。”从文献用例看，“锅”的出生，已是晋代的事情了。但它很有生命力，最终后来居上，成了今天最通行的称呼。

（三）煮豆燃豆萁，豆在釜中泣

古代才子佳人小说写人叙事，常有固定套路，大凡才子出场之时，作者便会推出一句百说不厌的套话，这就是“貌若潘安，才比子建”。潘安就是西晋美男子潘岳，他如果出现在街头，回头率特别高。据《世说新语·容姿》篇及刘孝标注解记载：潘安长得俊，每当他坐马车出现在洛阳闹市区，那些遇上他的妇女就手拉手围住他，将水果抛到车上，这就是成语“掷果潘安”或“掷果盈车”的来历。子建即曹操的三公子曹植，他独步文坛，号称有“八斗之才”。晋代才子谢灵运非常自负，曾经不无傲气地说：假如天下才华有十斗，他一人可占一斗，天下文人加起来也不过一斗，而曹植一人独占八斗。以一人才力，抗衡天下群英，谢灵运不可谓不心高气傲，而对于曹植，他又甘拜下风，佩服得五体投地。

曹植才思敏捷，出口成章，为一时之俊杰，尤其是其《七步诗》脍炙人口，誉满九州。提及《七步诗》，想必各位都不陌生。面临兄长曹丕的迫害，曹植坦然自若，对于曹丕指定的“兄弟”命题，他不假思索，应声作五言诗一首：“煮豆燃豆萁，豆在釜中泣。本是同根生，相煎何太急?”贴切的比喻、真挚的情感，顿时使曹丕潸然泪下，杀意化为乌有。在文学创作中，用日常熟悉的东西打比方，容易引起人的感情共鸣，起到良好的艺术效果，这首诗就是如此。

诗中提到的“豆”，淀粉充足，营养丰富，味道清香可口，深为各阶层人士所喜爱。不过追根溯源，“豆”本来却是吃不得的东西。它只是一种食器，上面多有盖，一般为陶制，也有用青铜、木、竹制成的。“豆”长着高高的个子，看起来亭亭玉立，气度卓尔不凡。

《说文解字·豆部》："豆，古食肉器也，从口，象形。""豆"的甲骨文为"豆"，金文为"豆"，是象形字，像一个高足盘，用来盛装食物。

豆——高脚盘

"豆"的历史悠久，至少在商代，它已经存在了。东周时期，"豆"这种食器非常盛行，有钱人家餐饮时，多半用它来盛肉。例如《孟子》："一箪食，一豆羹，得之则生，弗得则死。""羹"指带汁的肉，"一豆羹"就是一盘浓稠的肉汁。《礼记·坊记》："觞酒豆肉，让而受恶，民犹犯齿。""觞酒豆肉"意思是"一杯酒，一豆肉"。《国语·吴语》："在孤之侧者，觞酒、豆肉、箪食，未尝敢不分也。"文中说得很明白，各种食器作用不同。"觞"用来盛酒，"豆"用来盛肉，"箪"用来盛饭。三者各主其事，分工明确。

战国时期，因为食物之"豆"与食器之"豆"在口语中同音，"豆"便由食器假借为豆类植物。我国种植豆类由来已久，其品种繁多，优点突出。蚕豆、豌豆、扁豆、毛豆皆营养丰富，口味佳美，淀粉含量很高，又能充饥，深为平民所喜爱。黄豆、绿豆清凉可口，拌上一些白糖，清甜之味直透心田，是解暑的上好食物。三伏之日，一碗绿豆在手，暑气顿时消失得无影无踪，真是讨人喜欢，多多益善！

豆类食物营养丰富，滋味鲜美，促进人体血液循环和新陈代谢，从而使人葆有顽强的生命力及繁殖力。千百年来，中华民族历尽艰难坎坷，最终总能化险为夷，如今巍然屹立于世界之林，尤其是人口数量长期位居世界第一，豆类的功劳不可小视。

（四）争奇斗艳说食器

上节我们着重介绍了“豆”，本节则介绍另外几种常见食器。说起日常食器，不得不提起“簠（fǔ）”与“簋（guǐ）”，它们形状不同，功用却相似，仿佛一对好兄弟，同心协力，履行分内职责。“簠”与“簋”到底是什么东西，且听笔者一一道来。

簠

“簠”是形声字，从竹，从皿，甫声，指一种长方形的食器。“簠”一般有四个短足、两个耳朵，盖子与器物形状一样。“簋”是会意字，从竹，从皿，从皀（jí）。《说文解字·皀部》：“皀，谷之馨香也。象嘉谷在裹中之形。”“皀”是稻谷的香气，其甲骨文为

“”，象形字。“簋”一般指一种圆形大口的食器，由竹木制成，也可用青铜铸造或陶土烧制。

簋

“簠”与“簋”朝夕相处，亲密无间。它们一方一圆，成双成对，二者一开始都是盛放稻粱的食器，后来又都转为祭祀祖宗的礼器，可谓同呼吸，共命运。

古人祭祖，用这两种食器盛放稻粱黍稷。这是严肃的行为，必须摆得端端正正。如果簠簋不饬，即簠簋摆得不整齐，是对祖宗的不尊敬，也是一种很不检点的行为。基于此，“簠簋不饬”后来指“做官不清廉”，也用来讽刺官员不成体统，不能起到表率作用。

旧时生活不如今天富裕，逢年过节，有几个荤菜就不错了，四菜一汤已很丰盛。如果遇上年成好或大喜事，普通人家难得摆上丰盛的九菜一汤，广州话叫“九大簋”。从这称呼可知，“簋”在食器中地位突出，因而成为食器的代称。

除了“簠”与“簋”，“箪”、“瓢”、“壶”也值得一提。

“箪”是形声字，指有盖的盛饭食的圆形竹器。《论语·雍也》：“一箪食，一瓢饮，在陋巷，人不堪其忧，回也不改其乐。”此乃孔子赞扬颜回安贫乐道，好学不倦，后就用“箪食瓢饮”借指清贫的生活。“箪”常与“瓢”、“壶”连用。“瓢”是剖开葫芦做成的舀水或盛酒的器具。“箪瓢屡空”指缺少饮食，生活穷困，本于陶渊明《五柳先生传》：“环堵萧然，不蔽风日，短褐穿结，箪瓢屡空。”人不仅要吃饭菜，还要喝汤，盛汤的功能就由“壶”来承担了。

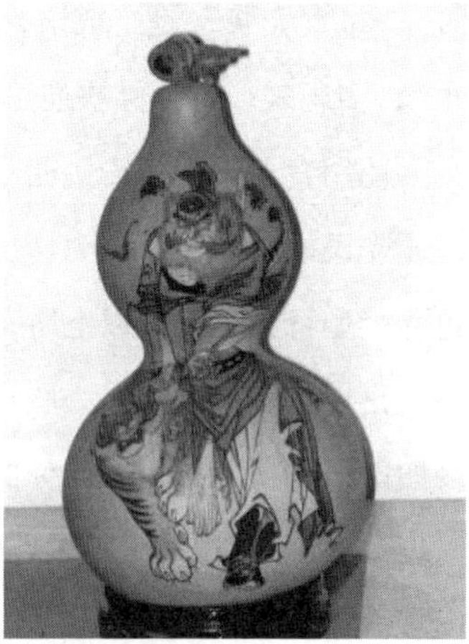

箪

“壶”是象形字，甲骨文为“”，金文为“”，像土制的器具，顶部有盖。“壶”本为酒器，后也用来盛装汤水。《孟子·梁惠王下》：“箪食壶浆，以迎王师。”诸葛亮《出师表》：“将军身率益州之众出于秦川，百姓孰敢不箪食壶浆以迎将军者乎?”

瓢

壶

“箪食壶浆”是个成语，意为“用箪装着饭食，用壶盛着汤水”，多用来形容百姓欢迎正义之师的情景。

使用食器是人类告别茹毛饮血，走向文明的标志之一。它体现了先民的智慧与想象力，反映了时代的痕迹。古代食器形形色色，造型奇异美观，以上所言不过是管中窥豹。如果诸君有幸光临故宫博物院，别忘了去欣赏那琳琅满目的食器，相信这道十分靓丽的风景线，一定会让你的眼睛亮起来，从而感到不虚此行。

（五）扬起风帆说筷子

同豆腐一样，筷子也是地道的国粹，是古人的一项杰出发明。著名物理学家李政道对筷子评价甚高，他曾动情地说：“中国人早在春秋战国时代就发明了筷子。如此简单的两根东西，却高妙绝伦地应用了物理学上的杠杆原理。筷子是人类手指的延长，手指能做的事，它都能做，而且不怕高热，不怕寒冻，真是高明极了。比较起来，西方人大概十六七世纪才发明刀叉，但刀叉哪里能跟筷子相比呢?”①

筷子确实体现了我们祖宗的智慧，它造价低，优点多。两个简单的小棍子，比刀叉长，可说一寸长，一寸强。在大型聚餐时，它可触及远处之菜，而刀叉则稍逊一筹。尤其在高手手中，筷子像变戏法一样，具有夹、撕、切、刺等多种功能，锻炼人的

---

① 转引自车辐《筷子、食道及其他》，《书摘》2013 年第 4 期。

协调能力，刀叉望尘莫及。

使用刀叉是力气活，使用筷子是技术活。二者相比，筷子在品位上显得更为高雅。一个人的精神风貌，有时可从用筷上见其端倪。《世说新语·忿狷》篇讲了一个好笑的故事，具体情节大致如下：

王述性情急躁，有次吃鸡蛋，就用筷子刺鸡蛋，结果没刺中。于是他非常生气，便把鸡蛋举起来丢在地上。鸡蛋在地上转个不停，王述就走过去用木鞋的牙齿去踩它，不想又没踩到。王述气愤极了，就在地上抓住鸡蛋往口中塞，咬烂蛋之后，立刻又把它吐出来。王羲之听说此事后大笑说：即使王述的父亲是这种性格，都没有一丝可取之处了，何况是王述本人呢！

俗话说："一分钱难倒英雄汉。"在这里，一双筷子难倒了一个彪形大汉。王述堂堂一个大男人，却拿筷子没办法，以致被一个鸡蛋搞得焦头烂额。王羲之因此瞧不起王述，认为他缺乏潇洒豁达的魏晋风度。从这个角度来说，用筷不仅反映了浅层上的技艺，而且成了检验一个人文明素质的试金石。高手用筷得心应手，彬彬有礼；低手用筷则力不从心，窘态毕现，这就是筷子的奥妙。诸君设想一下，如果是林黛玉、薛宝钗之类的大家闺秀，她们使用筷子一定优雅得体，而不会像王述那样贻笑大方了。

筷子一般由竹、木制作。普通人家讲究实用，多半使用这种筷子。至于富贵之室，筷子兼具观赏功能，往往使用金银、象牙、犀牛角、玉、铜制作。《红楼梦》第四十回写贾母宴请刘姥姥等人，刘姥姥为了哄贾母开心，自称“老刘，老刘，食量大似牛，吃一个老母猪，不抬头！”可当她拿着凤姐给的一双沉甸甸的“老年四楞象牙镶金筷”时，无奈手脚总是不听使唤，以致夹不起碗里的鸽子蛋。后来好不容易夹起一个，伸着脖子正要吃，偏偏鸽子蛋又滑下来，掉到地上去了。贾母被哄开了心，让人换了一双“乌木镶银”的筷子，才算给刘姥姥解了围。看来像贾府这样的豪门巨室，其筷子总要同金银象牙之类沾点边的。

筷子的古称为“箸”，具有悠久的历史，比李政道先生所说的春秋战国还要早几百年。《韩非子·喻老》说道：“昔者纣为象箸，而箕子怖。”纣王奢侈挥霍，挥金如土，酒池肉林都是他的“杰作”。箕子则独具慧眼，他从纣王用象牙筷子这件小事，就见微知著，预感商代天下不久了，因而惶恐之情油然而生。根据这个记载，从商代末年算起，筷子在三千多年前就诞生了。

“箸”是筷的古称，怎么后来变成了“筷子”呢？这得归功于船家的避讳。明代陆容《菽园杂记》卷一说：“民间俗讳，各处有之，而吴中为甚。如舟行讳住，讳翻，以箸为快儿。”

常言道：“逆水行舟，不进则退。”船家行船之时，最忌讳船停滞不前。而“箸”与“住”同音，“住”是停下来的意思。对船家来说，这是个不吉利的字眼。船家扬起风帆行船，自然希望一路顺风，早日到达目的地，怎么能停下来呢？但一天三餐，雷打不动，“箸”又不得不说。如何突破这个令人尴尬的瓶颈呢？一个聪明的船家终于找到了化解之法。某天吃饭时，他灵机一动，不说“箸”，而说“快”，其他人觉得不错，立刻群起响应，“快”声一片。打这开始，“箸”来了个华丽转身，摇身一变成了“快”，为了表明它的类属，书面语又加个竹字头，写成了“筷”，这就是筷子的来历。

“筷”最初流行于南方船夫之口，后来逐渐传播到社会上，效果很好，得到三教九流人士的认可。一时间大江南北，“筷”字风风火火，畅通无阻，“箸”则备受冷落，甘拜下风。经过一段时间的磨合，“箸”知趣地退出了竞争，“筷”就约定俗成了。

（六）李白斗酒诗百篇——说“斗”

南朝齐梁时期陶弘景《答谢中书书》中一句“山川之美，古来共谈”，抒发了对大自然美丽风光的无限热爱之情，引起古今多少人的联翩遐想。其实，饮酒又何尝不是如此！自古以来，文人嗜酒，传为美谈。试看陶渊明、李白、杜甫、白居易、辛弃疾、曹雪芹，哪位不是个中高手？尤其是李白豪饮的美名，脍炙人口，在民间流传甚广，这可得归功于杜甫的传播了。杜甫一首《饮中八仙歌》，为李白豪饮做了最好的宣传，其中“李白斗酒诗百篇，长安市上酒家眠，天子呼来不上船”几句，娓娓道来，活脱脱描写出一个豪饮狂客的形象。

酒斗

“斗”是什么东西？斗酒到底有多少？这要从“斗”字的形体说起。《说文解字·斗部》：“斗，十升也。象形，有柄。”“斗”的甲骨文是“[illegible]”，上面像斗形，下面像斗柄。“斗”原本是量器，十升为一斗，十斗为一石。后来“斗”用来盛酒，自然引申出酒器的含义，其形状有圆有方，相当于两升。纪德裕《汉字拾趣·斗酒的容量是多少——谈“斗”》认为：“一斗两升，合现在二千四百毫升，简单地说：它的容量相当于两瓶啤酒的容量。”

金庸小说《笑傲江湖》第十四回《论杯》中祖千秋说：“至于那米酒呢，上佳米酒，其味虽美，失之于甘，略嫌淡薄，当用大斗饮之，方显气概。”这段文字既说明斗的容量较大，又揭示了古人饮的主要是米酒之类。至于李白所饮之酒的酒精度数是多少，就难于说清了，大概充其量十几度吧，肯定远远比不上今日之白酒。

古往今来，一上酒桌，大家都推崇善饮的人，誉之为海量。为了获得海量的美名，多少豪爽之士舍命陪君子，喝了一杯又一杯，喝了一斗又一斗。由于酒精的作用，酒后人的情绪容易亢奋，其本性往往不加掩饰。《史记 · 项羽本纪》记载项羽设鸿门宴款待刘邦，宴饮之中，范增企图暗算刘邦，铲除项羽争天下的最强劲对手。樊哙闻讯，赶忙闯进去救驾。项羽见其来势凶猛，欣赏其豪气，便让樊哙入席。席间，樊哙猛吃猛喝，风卷残云，一斗酒与一个猪肘子顷刻便吃得精光，足见其酒量食量过人。借着酒劲，樊哙为刘邦辩护，指责项羽不讲情义。或许是脾性相投，项羽不仅没指责樊哙的无礼，反而惺惺相惜，放了刘邦一马。有趣的是，持利器冲锋陷阵的樊哙之流饮酒，摇鹅毛扇出谋划策的范增老先生之流也饮酒。宴会之间，刘邦对张良说："玉斗一双，欲与亚父。"这里的"玉斗"也是酒器，以情而揆，范增在酒桌上多半也会附庸风雅。

李白嗜酒固然传为美谈，但与西晋刘伶相比，恐怕是小巫见大巫了。如果说李白是酒仙，刘伶简直称得上是酒魔了。据《世说新语 · 任诞》篇记载，刘伶嗜酒如命，痛饮过量，以致容颜憔悴，身体虚弱，其妻看在眼里，疼在心头。有一次，刘伶又喝多了，其妻出于关爱之心，力劝刘伶戒酒，体贴之意溢于言表。刘伶不忍拒绝，答应戒酒，但声明要在神面前喝酒起誓。其妻信以为真，允许他最后喝一点。谁知刘伶酒一到手，就忘情不知所以了。他一边痛饮，一边说着："天生我刘伶，靠喝酒出名，一喝喝五斗，五斗解酩酊。女人的话儿，千万不可听。"说完这些话，刘伶已经烂醉如泥，其妻唯有仰天长叹。刘伶倒真是同"饮"字一样，天生就是一个喝个不停的料。

李白、刘伶豪饮虽然传为美谈，但他们都是借酒浇愁，是壮志难酬的无奈之举。宋朱翼中《北山酒经》卷上认为刘伶、阮籍等人纵情于酒，无非逃避现实而已，未必真得酒中之趣。此话说得很精辟，酒精的作用只能麻醉一时，而不能麻醉一世，因而酒仙们外表的潇洒豪迈难掩内心的孤独凄凉，根本不值得仿效。大家喝酒最好还是点到为止，开心养身，皆大欢喜。

（七）壶里乾坤大，杯中日月长

小时候看魔术，往往看得如痴如醉，忘乎所以。每当表演者一出场，笔者顿时屏住了呼吸，眼睛再也不敢眨一下。魔术师神态大方，笑容可掬，从一个空箱子里源源不断地取出东西，什么活蹦蹦的鸡鸭鹅，冷冰冰的碟碗瓶，五花八门，取之不竭。这些都是小儿科，起的是铺垫作用，最震撼人心的是高潮之时，小箱子里猛然蹦出个大活人，手中还拿着许多东西，观众目瞪口呆，随之掌声雷动。在下佩服得五体投地，实在弄不明白小小箱子怎么藏得了这么多东西，恨不得拜他为师学两招。后来小学四五年级时，听邻居黑皮讲《太平广记》卷二百八十四《阳羡书生》的魔术，更是觉得不可思议，故事大意如下：

东晋阳羡许彦在山里行走，遇到一个十七八岁的书生，书生托口脚疼，请求住在许彦所带的鹅笼中。书生钻进鹅笼后，笼子重量如故。不一会儿，书生从口中吐出了一盘世所罕见的佳肴。几杯酒后，书生又嘴巴一张，吐出了一位十五六岁的绝色女子。男女共饮，不久书生酒醉睡熟。更为怪异的事出现了，乘书生熟睡之时，该女子对许彦说："虽然与书生结为夫妻，但我还有一段婚外情。"说完，也从口中吐出一位男子，年约二十三四岁，聪明可爱。书生快醒来时，女子吐出了一面锦缎挡住书生的视线，乃与情人同卧。不一会儿，匪夷所思的事又发生了，该男子对许彦说："该女子虽对我有情，但我还有一位心上人，请替我保密。"说完，又从嘴中吐出一位二十左右的佳丽，两人共饮齐欢……

黑皮开玩笑说："要不学两招，美女滚滚到。"在下瞪了黑皮一眼，心里直想，如此奇妙的魔术，真是山里有山，天里有天，就像十八层套娃，层层剥笋，永无穷尽哪！读研究生后，笔者才知这个故事出自南朝梁代吴均撰写的《续齐谐记》，种种奇异表现反映了古代魔术的高超。

魔术，古称"幻术"，在我国源远流长，为百姓喜闻乐见。江西吉安方言称魔术为"把戏"，并有俗语说："把戏把戏，都是假的。"魔术当然是假的，《阳羡书生》所载更是天方夜谭。但在现实生活中，有没有包容万物的东西呢？说起来，人的精神境界倒是可包容万物。古语曰：“宰相肚里能撑船。”雨果说：“比海洋更广阔的是天空，比天空更广阔的是人的心灵。”然而，不是任何人的心灵都这么大度，这就要看个人的修行了，而酒是助人忘忧悟道的好东西。三杯酒下肚，天地自然宽起来了，前辈说得好：“壶里乾坤大，杯中日月长。”“壶”、“杯”、“盏”之类酒器，看起来小，但小中藏大，玄机无限。

> “壶”是一种酒器，多为圆形，也有椭圆形和方形。“壶”是个象形字，甲骨文为“”，像酒器的形状。

别小看这不起眼的玩意，它里面的天地大着呢。《后汉书·方术传下·费长房》记载，东汉时期，费长房担任市场管理员，看到市场上有个卖药的老人，在店门口挂了一个酒壶，做完生意后，就跳到壶里休息。费长房看到这情景，知道遇见异人，第二天登门拜访老人，老人带他一起进入壶中，只见里面富丽堂皇，摆满了美酒甘肴。两人共饮，尽兴而出，这就是“壶中天”、“壶里乾坤”的来历。

“杯”本指一种注酒的器具，后来转指饮酒之器。

> 李白《古风》之四十一：“呼我游太素，玉杯赐琼浆。”“盏”是小而浅的酒杯，《方言》卷五：“盏，杯也。”

酒壶

“杯”与“盏”都是小酒杯，在言语中经常搭配运用，如“推杯换盏”。“杯”、“盏”小巧玲珑，文人雅士爱用。苏轼《前赤壁赋》：“客喜而笑，洗盏更酌。肴核既尽，杯盘狼籍。相与枕藉乎舟中，不知东方之既白。”说的是文人相聚，喝了一盏又一盏，尽兴而卧，不觉天已经亮了。真是欢乐时间嫌短，良宵一刻值千金哪！

酒杯

杯中之物为何具有这么大的魅力，使人沉溺其中，值得探究一番。酒杯虽然很小，却可以忘忧悟道，几杯酒下肚，人生境界顿时豁然开朗。李白《月下独酌》四首之二对此说得很透彻，诗曰：“贤圣既已饮，何必求神仙？三杯通大道，一斗合自然。但得酒中趣，勿为醒者传。”酒喝到畅快处，那种云里雾里，飘然欲仙的感觉只有饮者自知，不善饮者难于体会。虽然李白也说过“抽刀断水水更流，举杯消愁愁更愁”，但通常来说，能有效化解心中块垒的，恐怕还是酒。酒不仅能解愁，还能够助人悟道。《世说新语·任诞》篇写张翰（字季鹰）放浪形骸，举止酷似阮籍，人称“江东步兵”。有人对他说：“卿乃可纵适一时，独不为身后名邪？”张翰回答说：“使我有身后名，不如即时一杯酒！”张翰看透了司马氏家族的寡廉鲜耻，他们口口声声推崇名教，骨子里却为非作歹，所以他把所谓名声看得连一杯酒都不如。庾信《摇落秋气》诗也说过：“眼前一杯酒，谁论身后名？”

苏轼是千古旷世奇才，人品才华俱佳，且多种才艺全面发展，世罕其匹。但绝世才子也有短板，宋代彭乘《墨客挥犀》卷四说：“子瞻常自言平生有三不如人：谓着棋、吃酒、唱曲也。”下棋、唱曲姑且不谈，说到饮酒，苏轼虽然量不如人，但酒后所悟却远超常人。其《前赤壁赋》写道：“飘飘乎如遗世独立，羽化而登仙。”试看苏轼与几位知己相逢，小酌之后，尽情畅谈，渐渐忘却身外万物，飘飘然有了成仙的幻觉，这不正是“酣”的境界吗？可见，饮酒悟道，非关酒量，而是看其禀赋。文人饮酒忘忧悟道，豁达的帝王也能如此。《世说新语·雅量》记叙晋孝武帝司马曜饮酒后陡然看破红尘：“夜，华林园中饮酒，举杯属星云：‘长星！劝尔一杯酒，自古何时有万岁天子！’”司马曜贵为人君，饮酒悟道，豁然开朗，明白了世上万物都是过眼烟云，什么“万寿无疆”、“永远健康”之类都是哄人的小把戏，这比之于“我真的还想再活五百年”之类的痴心妄想，其境界有天壤之别。

人不能甘于平庸，但又不能好高骛远，这就是为人处世的中庸之道。平平淡淡才是真，异想天开害死人。这道理谁都懂，关键是知易行难。在现实生活中，我们既要脚踏实地，又要仰望星空；既要油盐柴米，又要琴棋书画。然而，对于那些虚无缥缈的海市蜃楼，千万不要信以为真。

（八）从“关羽温酒斩华雄”说起

2010 版《三国演义》剧照

“温酒斩华雄”

饮酒需用器具，以便饮客斟酌。古代酒器琳琅满目，各具特色。它们大都造型优美，形状奇巧，看起来赏心悦目，给人以美的享受。前面我们已经介绍了几种酒器，但仍然难免挂一漏万，下面对“斝（jiǎ）”、“爵”、“觚（gū）”、“觯（zhì）”、“觞（shāng）”、“角”、“觥（gōng）”等常见酒器作一简单介绍。

“斝”是一种圆口酒器，有柄，有柱，三足，容量可达五升，用来盛酒与温酒。黄酒之类如果趁热吃，更能起到舒筋活血暖身的功能。北方天气寒冷，不多会儿，热酒就变冷了，所以边吃边温，饶有兴趣。说起温酒，令人想起《三国演义》第五回“关羽温酒斩华雄”的故事。

东汉末年，关东诸侯联军与董卓决战，董卓手下骁将华雄勇不可挡，连斩联军几员大将。诸侯大惊失色，危难之际，关羽当仁不让，主动请缨。曹操令人热酒给关羽喝，为其壮胆，不料关羽只说了一句“酒且斟下，某去便来”，就立刻挺身而出。霎时间，诸侯只闻锣鼓震天，一个个提心吊胆，难以预料结局。谁知关羽三下五除二，就取了华雄小命。片刻之间，他便提了华雄的脑袋回到军中，那酒还是热乎的。小说用烘云托月的手法突出关羽气势威猛、武艺高强，古今皆传为美谈。

“爵”是小型的三足酒器，容量为一升。《广雅·释器》：“一升曰爵。”“爵”的甲骨文为“”，金文为“”，一看就知是象形字，像雀伸长脖子、翘着尾巴的形状。在古代汉语中，“爵”可通“雀”，指一种鸟，看来这种酒杯像“雀”的形状，所以叫做“爵”。

“爵”的形状古色古香，让人发怀古之幽情。金庸《笑傲江湖》第十四回《论杯》中祖千秋说道：“饮这高粱酒，须用青铜酒爵，始有古意。”这话倒是说出了“爵”的特点。

“觚”是两升的酒器，口部与底部像喇叭的形状，中间的腰很细。《广雅·释器》：“二升曰觚。”在商代与西周初期，这种酒器受到权贵追捧，比较盛行。《论语·雍也》：“觚不觚，觚哉！觚哉！”到了春秋时期，“觚”的形状变化很大，孔子没认识到事物发展的必然性，因而睹物生情，感慨人心不古。

“觯”是三升的酒器，形状多样，一般腹圆口大，圈足有盖。《说文解字·角部》：“觯实曰觞，虚曰觯。”“觞”不是指某一种酒器，而是泛指各类酒器。大凡酒杯装满了酒，就可称之为“觞”了，如陶渊明《饮酒》诗二十首之一：“忽与一觞酒，日夕欢相持。”

“角”是四升的酒器，多为青铜所制。《说文解字·角部》：“角，兽角也。象形，角与刀鱼相似。”今按甲骨文、金文，“角”分别为“”、“”，像兽角

青铜斝

商周青铜爵

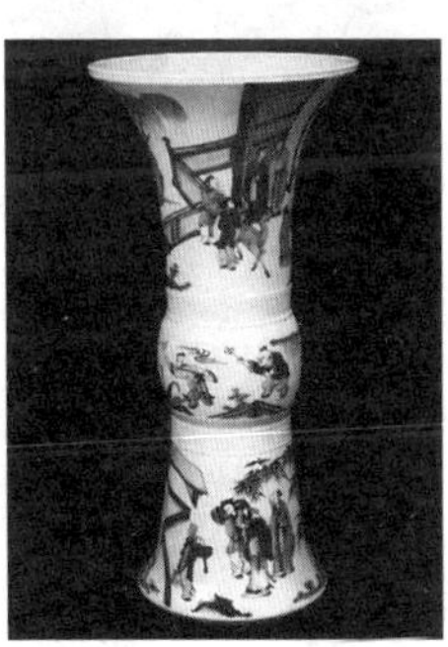

青花瓷觚

兽面纹觯

角

的形状。这种酒器可用来盛酒与温酒，产生于商代和西周初期。

金庸小说《笑傲江湖》第十四回《论杯》中祖千秋指着一坛酒说：“这坛关外白酒，酒味是极好的，可惜少了一股芳冽之气，最好是用犀角杯盛之而饮，那就醇美无比。须知玉杯增酒之色，犀角杯增酒之香。”犀角杯虽未必真能增添酒的香气，但因为人的心理作用，用它来饮酒，确实是锦上添花，生辉不少。

最后就说说“觥”了，它是一种大型酒器，容量可达六七升。“觥”也作“觵”，《说文解字·角部》：“觵，犀牛角可以饮者也。从角，黄声。”王国维《说觥》认为“觥”在酒器中最大，所谓“觥者光也，充也，廓也，皆大之意”。酒器容量大，喝起来过瘾。欧阳修《醉翁亭记》曰：“觥筹交错，起坐而喧哗者，众宾欢也。”“觥筹交错”指酒杯与筹码互相错杂，形容饮酒非常尽欢。

综观以上酒器，容量远大于今，盖因元代以前白酒还没问世，古人主要饮用黄酒，偶尔喝喝红酒、绿酒等。这些酒度数低，酒器自然容量大。有道是：好酒需美器。古人倒是懂得这个道理，所用酒器多半富于观赏价值。金庸《笑傲江湖》第十四回《论杯》写江湖豪客议论酒器，其中祖千秋侃侃而谈，说什么“喝汾酒当用玉杯”，“饮葡萄酒嘛，当然要用夜光杯了”。话虽有点道理，但也不无矫揉造作之嫌。值得一提的是：古代酒器有些重达几十斤甚至上百斤，其功能主要是供人欣赏，实用性退居次位。时至今日，国人喜饮白酒，白酒在酒家族中独领风骚，受到无数饮客厚爱，但度数高，酒杯自然变小了。就笔者所见，有超小杯、小杯、半两杯、一两杯、二两半杯、三两三杯（三杯一斤）等。相对来说，现在的酒器造型简单朴素，讲究经济实用，一般为玻璃、瓷器制造，不大注重外观新奇，这反映了当代社会追求简明、实惠的饮食理念。

碧玉龙首觥

参考文献

［1］（汉）许慎著：《说文解字》，北京：中华书局 1963 年版。

［2］马克思著：《资本论》第一卷《所谓原始积累》，北京：人民出版社 1975 年版。

［3］陈政著：《字源谈趣》，南宁：广西人民出版社 1986 年版。

［4］罗常培著：《语言与文化》，北京：语文出版社 1989 年版。

［5］徐中舒主编：《汉语大字典》，成都：四川辞书出版社 1993 年版。

［6］黄金贵著：《古代文化词义集类辨考》，上海：上海教育出版社 1995 年版。

［7］常敬宇著：《汉语词汇与文化》，北京：北京大学出版社 1995 年版。

［8］何九盈、胡双宝、张猛主编：《中国汉字文化大观》，北京：北京大学出版社 1995 年版。

［9］纪德裕著：《汉字拾趣》，上海：复旦大学出版社 1997

年版。

［10］罗竹风主编：《汉语大词典》，上海：汉语大词典出版社 1997 年版。

［11］徐中舒主编：《甲骨文字典》，成都：四川辞书出版社 1998 年版。

［12］王宁、谢栋元、刘方著：《〈说文解字〉与中国古代文化》，沈阳：辽宁人民出版社 2000 年版。

［13］黄金贵著：《古代文化词语考论》，杭州：浙江大学出版社 2001 年版。

［14］吴东平著：《汉字文化趣释》，武汉：湖北人民出版社 2001 年版。

［15］陈诏著：《中国馔食文化》，上海：上海古籍出版社 2001 年版。

［16］胡建锋著：《字趣》，上海：学林出版社 2004 年版。

［17］李行健主编：《现代汉语规范词典》，北京：外语教学与研究出版社 2004 年版。

［18］中国社会科学院语言研究所词典编辑室编：《现代汉语词典》，北京：商务印书馆 2005 年版。

［19］王继洪著：《汉字文化学概论》，上海：学林出版社 2006 年版。

［20］丁以寿主编：《中华茶道》，合肥：安徽教育出版社 2007 年版。

［21］谢定源编著：《中国饮食文化》，杭州：浙江大学出版

社 2008 年版。

[22] 万森主编：《歇后语　谚语　俗语　惯用语词典》，北京：知识出版社 2009 年版。

[23] 王向阳著：《六零后记忆》，杭州：浙江大学出版社 2011 年版。

[24] 温端政主编：《中国俗语大辞典》，上海：上海辞书出版社 2011 年版。

[25] 黄小娅著：《羊城旧语》，广州：广东人民出版社 2012 年版。

[26] 吴澎主编：《中国饮食文化》，北京：化学工业出版社 2012 年版。

[27] 王学泰著：《华夏饮食文化》，北京：商务印书馆 2013 年版。

[28] 孙华先：《“辣”字与“辣子”》，《语文月刊》，2000 年第 7 期。

[29] 王学泰：《鼎的文化演进》上下篇，《九鼎》（澳门社会进步协会主办），2008 年第 3、4 期。

[30] 张志敏：《解读内蒙古“民族团结宝鼎”》上下篇，《九鼎》（澳门社会进步协会主办），2009 年第 1、2、3 期。

[31] 梁旭华：《煎堆碌碌　金银满屋》，《羊城晚报》，2013 年 2 月 2 日 B15 版。

[32] 陈辉、张秋霞：《春韭鲜嫩　多食有益》，《羊城晚报》，2013 年 4 月 20 日 B16 版。

后　记

中华饮食博大精深，源远流长，仅以品种之丰富，滋味之可口而言，应该说是独步天下了。对于这笔宝贵的文化遗产，古今有关著述可谓汗牛充栋，不计其数，哪怕是其中的一个分支，也已经研究得非常透彻，诸如《茶经》、《酒经》等，都已成了招牌性的经典，后人要有所超越，谈何容易！笔者才华学力有限，看着前修时贤一部部妙笔生花的著作，观止之感油然而生，要在有限的笔墨中对饮食文化讲出一些门道来，实在有点力不从心。

幸赖出版社的杜小陆编辑别出心裁，给了“汉字与饮食”这样一个很有创意的切入点。它的好处是以汉字为纲，纲举目张，自成一体，将传统饮食种类纳入相关的汉字之下，从而开辟了一个广阔的天地，任人尽情驰骋。沿着汉字这条线索来追寻古人的饮食体制及理念，笔者顿时豁然开朗，发现一个个汉字当中，确实别有洞天，隐藏着说不完的故事。这样一来，拙著的思路就打开了，讲述饮食文化自然就得心应手，它宛如千里远行有了指南针，因而能够越过险阻而踏上坦途，直至到达期盼的终点。

汉字数量浩如烟海，构成了一个庞大严密的体系，为人们淘宝提供了充分的选择余地。《康熙字典》收字大约四万七千，还不到汉字总数的一半；《中华字海》收字九万左右，也不敢说一览无遗。在汉字这个名副其实的汪洋大海中，与饮食有关的字数非常可观，它反映了饮食在百姓日常生活中的崇高地位。人皆说“民以食为天”，此言一点不虚。这些记录饮食的汉字，是珍贵的历史活化石，形象描述了先民的生活痕迹，蕴含着丰富的宝藏。面临这笔宝贵财富，笔者试图以点代面，从中选择部分具有代表性的汉字，分析字形字义与阐述文化背景相结合，历史风情与现实生活相结合，从不同侧面反映多姿多彩的饮食文化。

写作之难在于立意，一旦主旨明确之后，后面的工作就可顺势开展了。经过一段时间的辛勤耕耘，拙作终于杀青，虽然肯定存在一些不尽如人意之处，但毕竟是笔者心血的结晶，因而还是敝帚自珍。值得一提的是：《说文解字》、《汉语大字典》、《汉语大词典》为我的工作提供了很大的便利，它们是我案头随时翻阅的工具书，拙著有的例句直接引自其中，并由此受到启迪，茅塞顿开。此外，拙著部分章节参考了黄金贵师、王学泰、吴东平、纪德裕、陈诏诸先生及其他同仁的研究成果，并已在相关之处列出，谨以此表示对他人劳动成果的尊重。至于书中图片，绝大多数来自百度文库，也在此表示谢意。

拙著定位为科普著作，注重图文并茂，强调知识性与趣味性的高度统一。它分析汉字的结构及其含义，普及了语言文字学的一些知识，但避免面面俱到，拾他人之牙慧。同时，在对汉字的解析中，拙著较为注重将文学历史故事、民俗风情等等融汇其中，因而拙著是语言文字、文学历史、民俗考古等多门学科知识与饮食文化的牵手，力图多方面形象地传播人文科学知识，最终达到双赢、多赢的目的。

值此拙著付印之时，笔者回首往事，思绪万千，顺此表达一下我的内心感受。遥记 1990 年金秋，笔者负笈求学于杭州大学，先后师从水渭松、蒋礼鸿、黄金贵三位先生，是他们领我进入了学术的殿堂，找到了毕生安身立命的地方。1996 年南下广州后，母校方一新教授多次为我答疑解惑，指点迷津，坚定了我的向学之心。近年来，本丛书主编张玉金教授青眼相加，是他充分信赖，委以重任，安排笔者撰写这个课题，使我找到了用武之地。在写作过程中，学长陈鹤鸣、张建华平时经常与笔者切磋，碰撞出思想的火花，拓宽了我的学术视野；同事王毅力博士尽心尽力，为笔者将古文字及部分图片输入电脑，解决了我的棘手难题；妻子文兰秀、小女罗弈文帮我对一些图片进行处理，并将其传入电脑，节省了我的宝贵时间。这点点滴滴，使我体验到人情的温馨，从而充满信心，以更加乐观的态度面对人生百态。

罗维明

2013 年 8 月 29 日定稿于云山书屋